Löwe · Pädagogische Hilfen

Armin Löwe

Pädagogische Hilfen für hörgeschädigte Kinder in Regelschulen

Eine Handreichung für Lehrer sowie für Eltern und Therapeuten gehörloser und schwerhöriger Regelschüler

4., neubearbeitete und erweiterte Auflage

Programm „Edition Schindele“
im Universitätsverlag C. Winter Heidelberg

Die Deutsche Bibliothek – CIP-Einheitsaufnahme

Löwe, Armin:
Pädagogische Hilfen für hörgeschädigte Kinder in Regelschulen :
eine Handreichung für Lehrer sowie für Eltern und
Therapeuten gehörloser und schwerhöriger Regelschüler /
Armin Löwe. – 4., neubearb. und erw. Aufl. – Heidelberg :
Winter, Programm Ed. Schindele, 1996
ISBN 3-8253-8235-4

Umschlagdesign: Drißner-Design und DTP, Heidelberg
Satz: Klaus Brecht GmbH, 69123 Heidelberg
Druck: Druckerei Stolinski GmbH, 69254 Malsch

Allen Lehrerinnen und Lehrern,
die durch ihren Einsatz einem hörgeschädigten Kind
den erfolgreichen Besuch einer Regelschule ermöglichen,
in Dankbarkeit gewidmet

Inhaltsverzeichnis

Vorwort 11

1.0 Hörschäden bei Kindern 15
1.1 Die Gehörlosigkeit 16
1.2 Die Schwerhörigkeit 17
1.3 Hörmessungen bei Kindern 18
1.4 Die Arten der Schwerhörigkeit 20
1.5 Abgrenzung zwischen Gehörlosigkeit und Schwerhörigkeit . 24
1.6 Ursachen für Hörschäden bei Kindern 25
1.7 Die Häufigkeit von Hörschäden bei Kindern 27
1.8 Die Auswirkungen einer frühkindlichen Hörschädigung 28

2.0 Warum viele Eltern ihr hörgeschädigtes Kind in eine Regelschule schicken wollen 30
2.1 Fast 250 Jahre Sonderbeschulung für hörgeschädigte Kinder . 30
2.2 Seit etwa 30 Jahren gemeinsame Beschulung hörender und hörgeschädigter Kinder 31

3.0 Vor- und Nachteile der Beschulung eines einzelnen hörgeschädigten Kindes in einer Regelschulklasse 35
3.1 Vorteile 35
3.2 Nachteile 36

4.0 Voraussetzungen für eine erfolgverheißende Beschulung eines hörgeschädigten Kindes in einer Regelschule 38

5.0 Integrationsfördernde Maßnahmen 40
5.1 Grundregeln für eine gute lautsprachliche Kommunikation in der Klasse 43
5.2 Die Orientierung der Mitschüler 46
5.3 Die Orientierung der Familie 49
5.4 Die Führung der Klasse 53
5.5 Hilfen zur Erlangung einer besseren Aussprache 55
5.6 Hilfen zur weiteren Entfaltung der Sprache 59
5.7 Hilfen zur Befähigung zum Lesen 62
5.8 Informationen über Hörgeräte 66
5.8.1 HdO-Hörgeräte 66

5.8.2 Beidohriges Hören 66
5.8.3 Die Induktionsspule 67
5.8.4 Der Audio-Eingang 68
5.8.5 Die Bedeutung des Nutzschall-Störschall-Verhältnisses 68
5.8.6 Nachhall 70
5.8.7 Mikrofonnahe Zusprache 71

5.9 Erste Hilfe bei kleinen Hörgerätepannen 76
5.9.1 Das Hörgerät nimmt keinen Schall auf 76
5.9.2 Das Hörgerät hat einen Wackelkontakt 76
5.9.3 Der Lautstärkesteller funktioniert nicht 77
5.9.4 Das Gerät verstärkt zu schwach 77
5.9.5 Das Gerät produziert unerwünschte Geräusche 77
5.9.6 Das Gerät pfeift 77
5.9.7 Hinweise für Lehrer 78

5.10 Praktische Hinweise für den Einsatz des Sendemikrofons . . 79
5.10.1 Fallbeispiele 80
5.10.2 Allgemeine Empfehlungen 88
5.10.3 Merksätze 88

5.11 Beobachtungen und Erfahrungen in Regelschulklassen 90
5.11.1 Schüler-Lehrer-Interaktion 90
5.11.2 Die Unterrichtssprache 90
5.11.3 Das Kind muß den Anforderungen gewachsen sein 92
5.11.4 Durchlässigkeit von der Regel- zur Sonderschule und umgekehrt 92

5.12 Zusammenfassung: Was ein Regelschullehrer unbedingt wissen sollte 93

6.0 Worauf Eltern zu achten haben, wenn sie für ihr hörgeschädigtes Kind einen Regelschulbesuch anstreben 99
6.1 Zwischen hörgeschädigten Kindern bestehen große Unterschiede 99
6.2 Viele können eine Regelschule, manche müssen eine Sonderschule besuchen 99
6.3 Nicht alle Hörgeschädigtenpädagogen befürworten einen Regelschulbesuch 99
6.4 Kriterien, die als Richtschnur dienen können 100
6.5 Viele Regelschullehrer sind bereit, sich neuen Anforderungen zu stellen 100
6.6 Es gibt keine endgültige, objektiv völlig richtige Entscheidung 101
6.7 Kriterien für die Entscheidungsfindung 101

6.7.1 Die Schule 102
6.7.2 Die Lehrkraft 103
6.7.3 Einstellung der Schule zu behinderten Kindern 104
6.7.4 Das hörgeschädigte Kind 104
6.7.5 Sonderpädagogische, therapeutische, psychologische Dienste 105

6.8 Das vorschulische Lesenlernen - eine wichtige Voraussetzung 105
6.9 Die frühe Hör-Spracherziehung entscheidet, welche Schule besucht werden kann 106

7.0 Nachwort 107

8.0 Literatur 110

9.0 Wichtige Anschriften 113

Vorwort

Regelschulen, seien sie Grundschulen, Hauptschulen, Realschulen, Gymnasien, Gesamtschulen oder Berufsschulen für Kinder und für Jugendliche mit unbeeinträchtiger Hörfähigkeit, sind im Laufe der vergangenen zwanzig Jahre in zunehmender Zahl auch Schulen für immer mehr hörgeschädigte Kinder und Jugendliche geworden.

Die Beschulung eines hörgeschädigten Kindes oder Jugendlichen in einer Regelschule wird heute im deutschsprachigen Mitteleuropa im allgemeinen als integrierte Beschulung oder auch als schulische Integration bezeichnet. Demgegenüber nennt man die Beschulung eines hörgeschädigten Kindes oder Jugendlichen in einer Sonderschule für gehörlose oder für schwerhörige Kinder segregierte Beschulung oder schulische Segregation. Man spricht in diesem Zusammenhang aber auch von spezieller Beschulung bzw. von Sonderbeschulung.

Die Aufgabe dieses Buches ist es nicht, näher auf die Vor- und Nachteile der beiden genannten Formen der Beschulung einzugehen. Das habe ich u.a. in meinem Buch *»Hörgeschädigte Kinder in Regelschulen - Ergebnisse von Untersuchungen und Erhebungen in der Bundesrepublik Deutschland und in der Schweiz«* (Löwe 1985) getan. Dieses Buch will auch keinen historischen Rückblick auf die Anfänge und auf die weitere Entfaltung der integrierten Beschulung hörgeschädigter Kinder vermitteln, die vor rund 175 Jahren von Deutschland aus ihren Anfang genommen hat. Wer sich hierüber informieren will, sei auf mein Buch *»Hörgeschädigtenpädagogik international. Geschichte - Länder - Personen - Kongresse«* (Löwe 1992) verwiesen.

Dieses Buch hat eine ganz andere Zielsetzung. Es will sowohl den Eltern, die sich nach sorgfältiger Abwägung aller damit verbundener Vor- und Nachteile dazu entschlossen haben, ihr hörgeschädigtes Kind in eine Regelschule zu schicken, als auch den Lehrkräften und Therapeuten, die ein solches Kind in einer Regelschulklasse zu unterrichten bzw. therapeutisch zu behandeln haben, einige pädagogische Hilfen aufzeigen, deren Beachtung dazu beitragen kann, den Schwierigkeiten, mit denen bei der Beschulung eines hörgeschädigten Kindes in einer Regelschulklasse zuweilen gerechnet werden muß, entgegenzuwirken.

Verständlicherweise können diese pädagogischen Hilfen hier nur sehr allgemein umschrieben werden. Sie beziehen sich in keinem Fall auf ein einzelnes Kind. Sie nehmen auch keinen Bezug auf ganz bestimmte Unterrichtsfächer. Sie können auch keinen Unterschied machen zwischen den gewiß recht unterschiedlichen Unterrichtsanforderungen etwa einer regulären Grundschule und eines Gymnasiums. Dies zu tun verbietet schon die - insgesamt gesehen - doch recht kleine Zahl von hörgeschädigten Kindern und Jugendlichen in Regelschulen, obwohl diese, wie inzwischen bekannt ist, nicht kleiner ist als die Gesamtzahl aller gleichaltrigen hörgeschädigten Sonderschüler. Im Gegenteil, sie übertrifft diese bereits, wie nicht zuletzt die von dem Schweizer Hörgeschädigtenpädagogen René Müller (1994) vorgelegten Zahlen überzeugend aufgezeigt haben. Eltern und Lehrern obliegt es darum, aus den Anregungen, die dieses Buch zu vermitteln versucht, diejenigen herauszufinden, die für ihr Kind bzw. für ihren Schüler vornehmlich in Frage kommen dürften.

Während sich Eltern eines hörgeschädigten Kindes zum Zeitpunkt seiner Einschulung im allgemeinen bereits mehrere Jahre lang sehr intensiv mit den Fragen beschäftigt haben, die mit einer frühkindlichen Hörschädigung zusammenhängen, und darum hierüber recht gut informiert sind, fehlen diese Informationen vielen Lehrern, wenn sie zum ersten Mal mit einem hörgeschädigten Schüler in einer der Klassen, in denen sie unterrichten, konfrontiert werden.

Darum beginnt dieses Buch mit einem Kapitel über einige sehr allgemein gehaltene grundlegende Informationen über Hörschäden bei Kindern.

In einem weiteren Kapitel wird aufgezeigt, welche Faktoren es möglich gemacht haben, daß es gegenwärtig neben der bereits seit etwa 220 Jahren in Deutschland bestehenden Sonderbeschulung auch eine integrierte Beschulung hörgeschädigter Kinder gibt.

Damit vor allem Eltern eine Orientierungshilfe haben, welche Voraussetzungen tunlichst bereits erfüllt sein sollten, wenn ein hörgeschädigtes Kind als möglicher Schüler für eine Regelschule angesehen wird, werden auch diese in einem besonderen Kapitel aufgezeigt.

Breiter Raum wird sodann der Erörterung der wichtigsten, von Eltern und Pädagogen gemeinsam durchzuführenden integrationsfördernden Maßnahmen gewidmet.

Dieses Buch ist 1987 erstmals erschienen und hat inzwischen bereits drei Auflagen erlebt. Ich werte dies als ein Zeichen dafür, daß die *»pädagogischen Hilfen«*, die es für Eltern und Lehrer gehörloser und schwerhöriger Regelschüler anbietet, bei den Betroffenen eine gute Aufnahme gefunden haben und eine lange Zeit bestandene Informationslücke zu schließen vermochten. Die hiermit vorgelegte vierte Auflage berücksichtigt die in den zurückliegenden

Jahren bei der integrierten Beschulung gewonnenen neuen Erfahrungen und verweist u.a. auf die Möglichkeit der Regelbeschulung zunächst gehörlos gewesener, dann aber dank einer Cochlear Implantat Versorgung und einer gleichzeitig damit eingeleiteten intensiven Hör-Spracherziehung zu schwerhörigen Kindern gewordener Kinder.

Heidelberg, im Herbst 1995

Armin Löwe,
Prof. em. für Pädaudiologie
und Gehörlosenpädagogik
an der Pädagogischen
Hochschule Heidelberg

1.0 Hörschäden bei Kindern

Hörschäden bei Kindern unterscheiden sich nach Ursache, Art, Eintritt, Hörverlust, Stabilität sowie eventuell noch vorliegender zusätzlicher Schädigungen. Die sich daraus ergebende große Vatiationsbreite läßt es nicht zu, die Hörschädigung eines Kindes ohne weiteres mit der eines anderen Kindes zu vergleichen. Grundsätzlich lassen sich jedoch zunächst einmal zwei Gruppen von hörgeschädigten Kindern unterscheiden, nämlich gehörlose Kinder und schwerhörige Kinder.

URSACHE		ART			EIN-TRITT			HÖRVERLUST					STABILI-TÄT			ZUSÄTZLICHE SCHÄDIGUNGEN
Allgemeine Ursache	Konkretes Beispiel	Mittelohr	Innenohr	neural	vor der Geburt	bei der Geburt	nach der Geburt	leichtgradig sh.	mittelgradig sh.	hochgradig sh.	resthörig	völlig taub	gleichbleibend	fortschreitend	schwankend	
VER-ERBUNG	dominant	○	●		●	●	●	●	●	●	●	●	●	○		
	rezessiv	○	●		●	●	●	●	●	●	●	●	●	○		
KRANK-HEITEN	Röteln	○	●	●	●			●	●	●	●		●			●
	Rh-Faktor		●	●	●			●	●	●	●		●			●
	Meningitis		●	○			●			●	●	●	●	○	○	○
	Mumps		●				●			●	●	●	●			
	Mittelohrentzündung	●					●	●	●						●	
MEDIKA-MENTE	teratogene	●	●	●	●			●	●	●	●		●			●
	ototoxische		●				●			●	●	●	●			
TRAUMATA	im Mutterleib	●	●	●	●			●	●	●	●		●			●
	Frühgeburt		●	●		●		●	●	●	●		●			●
	bei der Geburt		●	●		●		●	●	●	●		●			●
	Anoxie		●	●		●	○	●	●	●	●		●			●
	Lärm		●				●	●	●	●			●			
	Kopfverletzung	●	●				●	●	●	●	●	●	●			○
	Ohrenschmalzpfropf	●					●	●	●						●	

Hinweise: ● = wahrscheinlich
○ = möglich
sh. = schwerhörig

Diese Übersicht wurde erstellt in Anlehnung an Arthur Boothroyd (1982, S. 50)

Abb. 1

1.1 Die Gehörlosigkeit

Gehörlosigkeit ist der bei einem Menschen bestehende Zustand einer so starken Hörschädigung, daß dieser Zusprache auch über Hörgeräte nicht mehr allein über das Gehör verstehen kann. Bestimmend für das Symptombild der Gehörlosigkeit ist auch die Beeinträchtigung der Sprache. Da sich diese Beeinträchtigung um so nachhaltiger auswirkt, je früher die Gehörlosigkeit eingetreten ist, sind die sprachpathologischen Folgen sehr unterschiedlich. So unterscheidet man, vereinfacht betrachtet, zunächst zwei Gruppen von gehörlosen Kindern:

- Zur ersten Gruppe gehören die Kinder, deren Gehörlosigkeit bereits von Geburt an vorliegt, sowie die Kinder, die noch vor der Erlernung der Lautsprache im Säuglings- oder Kleinkindalter ertaubt sind.
- Zur zweiten Gruppe zählen die Kinder, die erst nach Erreichen einer gewissen Stufe der Lautsprachentwicklung gehörlos geworden und im Besitz der Lautsprache geblieben sind.

Die Kinder der erstgenannten Gruppe unterscheiden sich grundlegend von denen der zweiten Gruppe. Während nämlich die Kinder der ersten Gruppe die Lautsprache erst in einem langen Lernprozeß mühsam erwerben müssen, ist es bei der zweiten Gruppe das Hauptanliegen der Hörgeschädigtenpädagogik, die bereits erworbene Lautsprache zu erhalten und weiter zu entfalten. Folgerichtig bezeichnet man die Kinder, die ohne oder nur mit geringem Hörvermögen geboren sind oder dieses bereits vor der Spracherlernung verloren haben, als vorsprachlich (= prälingual) gehörlos, und die Kinder, die ihre Hörfähigkeit erst nach dem Spracherwerb eingebüßt haben, als nachsprachlich (= postlingual) ertaubt.

1.2 Die Schwerhörigkeit

Während die Gehörlosigkeit nur zur Schwerhörigkeit hin abgegrenzt werden muß, ist die Schwerhörigkeit zur Gehörlosigkeit und zum Normalgehör hin abzugrenzen. So bezeichnet man alle die Kinder als schwerhörig, deren Hörfähigkeit so stark beeinträchtigt ist, daß sie die Sprache ihrer Umgebung nach Laut, Form und Inhalt weniger leicht und langsamer als andere Kinder erlernen. Will man die Schwerhörigkeit dagegen zur Gehörlosigkeit hin abgrenzen, wird man sie als eine Hörschädigung beschreiben, bei der es noch möglich ist, Sprache hauptsächlich über das Gehör aufzunehmen, und sei es auch nur mit Hilfe optimal angepaßter individueller Hörgeräte oder eines Cochlear Implantats.

Wie die Gehörlosigkeit beeinträchtigt auch die Schwerhörigkeit nicht nur die sprachliche Entwicklung, sie gefährdet auch die emotionale und die kognitive Entwicklung des Kindes und erschwert seinen sozialen Kontakt mit der Umwelt. Für diese Folgen ist neben dem Zeitpunkt des Eintritts vor allem der Grad der Schwerhörigkeit von Bedeutung. Unter diesem Gesichtspunkt teilt man sie wie folgt ein:

Leichtgradige Schwerhörigkeit

Der mittlere Hörverlust liegt in den Frequenzen von 500, 1.000 und 2.000 Hz bei etwa 25 bis 40 dB.

Hz = Hertz; diese Meßzahl gibt die Schwingungen eines Tones pro Sekunde an. Dem Normalhörenden ist ein Bereich von etwa 20 bis 20.000 Schwingungen zugänglich.
dB = Dezibel; mit dieser Einheit wird die Schallstärke gemessen.

Kinder mit einer leichtgradigen Schwerhörigkeit haben, wenn sie nicht mit Hörgeräten versorgt sind, vor allem Schwierigkeiten im Verstehen von geflüsterter oder sehr leise gesprochener Sprache.

Mittelgradige Schwerhörigkeit

Der mittlere Hörverlust beträgt etwas 40 bis 70 dB. Ohne Hörgeräte haben viele Kinder mit einer mittelgradigen Schwerhörigkeit bereits große Schwierigkeiten, Zusprache in normaler Lautstärke aus mehr als 1 m Entfernung noch zu verstehen.

Hochgradige Schwerhörigkeit

Der mittlere Hörverlust liegt zwischen 70 und 105 dB. Übersteigt er 85 dB, spricht man auch von einer an Taubheit grenzenden Schwerhörigkeit. Ein Verstehen von Zusprache ist hochgradig schwerhörigen Kindern ohne Hörgeräte nicht mehr möglich. Kinder mit einer an Taubheit grenzenden Schwerhörigkeit werden zuweilen auch als hörrestige oder als resthörige Kinder bezeichnet. Diese Bezeichnung ist allerdings wenig sinnvoll, da auch gehörlose Kinder in der Regel noch gewisse rudimentäre Hörreste besitzen und darum ebenfalls als hörrestig oder als resthörig bezeichnet werden müßten.

Will man eine Gehörlosigkeit mit tonaudiometrischen Daten umschreiben (Audiometrie = Hörmessung), dann kann man dies etwa wie folgt tun. Beträgt der Hörverlust eines Kindes in den Frequenzen von 125 und 250 Hz mehr als 60 dB und ist der mittlere Hörverlust für die Frequenzen von 500,

1.000 und 2.000 Hz im besseren Ohr größer als 100 dB, spricht man von Gehörlosigkeit oder Taubheit, und zwar auch dann, wenn man weiß, daß noch Hörreste vorhanden sind und für die Sprachwahrnehmung nutzbar gemacht werden müssen und können.

1.3 Hörmessungen bei Kindern

Die erwähnten Grade einer Hörschädigung, nämlich Gehörlosigkeit mit und ohne Restgehör sowie leicht-, mittel- und hochgradige Schwerhörigkeit werden tonaudiometrisch, d.h. durch Hörmessungen ermittelt. Ihre Durchführung obliegt in der Regel audiologisch besonders geschulten Ärzten sowie ihrem Hilfspersonal. Diese Ärzte mit der Berufsbezeichnung Pädaudiologe und Phoniater arbeiten in Spezialkliniken mit unterschiedlichen Bezeichnungen (Audiologisches Zentrum, Audiologische Abteilung, Abteilung Pädaudiologie und Phoniatrie, Klinik für Kommunikationsstörungen, usw.).

Bei *»Hörmessungen bei Kindern«* (Löwe/Hildmann 3. Aufl. 1994) unterscheidet man, stark vereinfacht betrachtet, vor allem zwischen ton- und sprachaudiometrischen Verfahren.

Bei einer Hörmessung mit reinen Tönen (= Tonaudiometrie) mißt der Audiologe grundsätzlich zwei Dinge, nämlich

1. welche Tonschwingungen ein Kind noch hören kann und
2. wie laut diese Töne sein müssen, bevor sie vom Kind wahrgenommen werden können.

Die Tonschwingung oder Frequenz bezieht sich auf die Tonhöhe. Alle Töne, Klänge und Geräusche, die wir in unserer Umwelt wahrnehmen, haben eine unterschiedliche Tonhöhe. So klingt z.B. die Stimme eines Mannes tief und die eines Kindes hoch. Töne, Klänge und Geräusche unterscheiden sich aber nicht nur im Hinblick auf ihre Tonhöhe, sondern auch hinsichtlich ihrer Lautstärke. So ist das sanfte Säuseln der Blätter einer Birke bei einer nur ganz geringen Windstärke sehr leise, eine Autohupe dagegen sehr laut. Manche Hörgeschädigte können darum eine Autohupe durchaus noch gut wahrnehmen, aber nicht mehr das Säuseln der Blätter bei nur leichtem Wind.

Für die exakte Ermittlung der Frequenzen und Intensitäten, die ein hörgeschädigtes Kind noch wahrnehmen kann, benötigt der Audiologe ein Audiometer mit Doppelkopfhörern. Das Kind bekommt die Kopfhörer aufgesetzt. Über sie erhält es dann vom Untersucher Töne unterschiedlicher Frequenz und Intensität angeboten. Sobald es einen Ton hört, beantwortet es dessen Wahrnehmung jeweils mit einem vorher mit ihm vereinbarten Zeichen: es hebt vielleicht jedes Mal seine Hand hoch oder legt einen Baustein in einen Behälter.

Auf der Grundlage der Reaktionen des Kindes registriert der Untersucher, getrennt für jedes Ohr, welche der ihm angebotenen Frequenzen das Kind wahrnehmen konnte, und die niedrigste Intensität, bei der es den jeweiligen Ton noch als wahrgenommen signalisiert hat. Diese Werte werden in ein Formular eingetragen, das als Audiogramm bezeichnet wird.

Die Zahlen auf der oberen horizontalen Ebene des Audiogramms stehen für die bei der Hörmessung geprüften Frequenzen. Die Tonhöhe wird in Schwingungen pro Sekunde gemessen. 250 Schwingungen pro Sekunde werden dabei als 250 Hertz (=Hz) angegeben. Ein Ton von 250 Hz ist ein sehr tiefer Ton. Dagegen ist ein Ton von 6.000 Hz sehr hoch. Für die Wahrnehmung der Sprache sind vor allem die Frequenzen zwischen 500 und 2.000 Hz ganz besonders wichtig.

Die auf der linken Seite des Audiogramms vertikal von oben nach unten ansteigenden Zahlen geben die Lautstärke oder Intensität des jeweiligen Tones an. Diese wird in Dezibel (= dB) gemessen.

Wie bereits erwähnt worden ist, gelten Höreinbußen von etwa 25 bis 40 dB als leichtgradige, solche von 40 bis 70 dB als mittelgradige und solche von 70 bis 100 dB als hochgradige Schwerhörigkeit. Bei Hörverlusten von mehr als 100 dB spricht man von Gehörlosigkeit. Ein Jugendlicher mit normaler Hörfähigkeit kann unter idealen Meßbedingungen (keinerlei Störgeräusche im Hörprüfraum) bereits Schallereignisse von nur 0 bis + 10 dB wahrnehmen, mancher mit einem überdurchschnittlich gutem Gehör sogar solche bis zu -10 dB.

Um eine gewisse Vorstellung davon zu vermitteln, wie laut die hier angegebenen dB Werte sind, seien zum Vergleich die durchschnittlichen Intensitäten einiger Alltagsgeräusche genannt:

10 dB	=	Flügelschlagen eines Schmetterlings
40 dB	=	ganz leise Radiomusik
60 dB	=	Lautstärke einer ruhigen Unterhaltung
80 dB	=	sehr laute Radiomusik
100 dB	=	Autohupe oder sehr lautes Schreien
120 dB	=	Motor- oder Propellergeräusch eines Flugzeugs aus etwa 5 m Entfernung

In den Schulakten eines hörgeschädigten Kindes findet sich in der Regel immer ein Tonaudiogramm, aber leider nur ganz selten einmal auch ein Sprachaudiogramm, obwohl diesem aus schulischer Sicht eigentlich eine weitaus größere Bedeutung zukommt als dem Tonaudiogramm. Darum soll hier exemplarisch auch nur auf das folgende Tonaudiogramm eingegangen werden, auf dem die Hörschwelle eines hörgeschädigten Schülers verzeichnet ist. Die für das rechte Ohr ermittelten Werte sind mit einem Kreuz, die für das linke Ohr mit einem Kreis gekennzeichnet. Aus dem Verlauf der Hörkurve ist zu ersehen, daß die Hörfähigkeit dieses Kindes in den tiefen Frequenzen weniger stark beeinträchtigt ist als in den hohen Frequenzen. Das bedeutet, daß für dieses Kind die hohen Prüf- oder Meßtöne mit einer größeren Intensität angeboten werden mußten als die tiefen, bevor sie wahrgenommen werden konnten. Die Hörschwelle dieses Kindes verläuft bei den Frequenzen unterhalb von 1.000 Hz im Bereich einer mittelgradigen und im Bereich oberhalb von 1.000 Hz im Bereich einer hochgradigen Schwerhörigkeit. Im vorliegenden Fall handelt es sich folglich um ein Kind mit einer mittel- bis hochgradigen Schwerhörigkeit. Der Kurvenverlauf (mit fallender Charakteristik von den tiefen zu den hohen Tönen) sagt dem Fachmann, daß es sich im vorliegenden Fall mit hoher Wahrscheinlichkeit um eine Schallempfindungsschwerhörigkeit mit Sitz im Innenohr handelt dürfte.

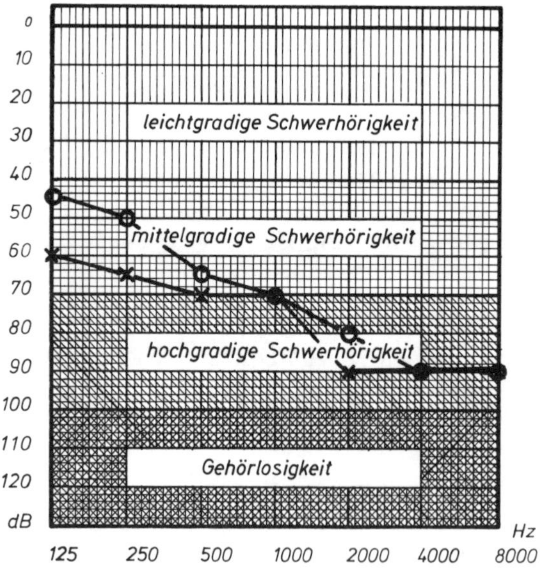

Abb. 2: Tonaudiogramm eines hörgeschädigten Schülers:
× = Hörschwelle für das rechte Ohr,
○ = Hörschwelle für das linke Ohr.

1.4 Die Arten der Schwerhörigkeit

Die Folgen, die sich aus einer Schwerhörigkeit ergeben (können), sind auch davon abhängig, ob es sich um eine Schalleitungsschwerhörigkeit, eine Schallempfindungsschwerhörigkeit oder um eine kombinierte Schwerhörigkeit handelt. Sonderformen sind der Hochtonverlust und die einseitige Schwerhörigkeit bzw. Gehörlosigkeit.

Bei einer Schalleitungsschwerhörigkeit, die ihren Sitz im äußeren und/oder mittleren Ohr hat, ist die Wahrnehmung hoher und tiefer Töne etwa gleichmäßig betroffen. Ein Kind mit einer solchen Schwerhörigkeit hört Sprache darum in unveränderter Tonqualität, aber mit zu geringer Lautstärke. Eine Schallempfindungsschwerhörigkeit bewirkt eine Herabsetzung des Gehörs vor allem im Bereich der hohen Töne. Darum hört ein Kind mit dieser Art von Schwerhörigkeit Sprache nicht nur schwächer, sondern auch anders. Ihm fehlen bei der Wahrnehmung wichtige Sprachanteile. Darum bezeichnet man eine solche Schwerhörigkeit zuweilen auch als Fehlhörigkeit. Eine kombinierte Schwerhörigkeit weist Merkmale beider Arten auf.

Eine Sonderform einer Schallempfindungsschwerhörigkeit ist der Hochtonverlust, bei dem tiefe Töne normal oder nahezu normal, hohe dagegen, falls überhaupt, nur sehr schwach wahrgenommen werden.

Eine Schallempfindungsschwerhörigkeit kommt zuweilen nur auf einem Ohr vor. Ein einseitig hörgeschädigtes Kind hört auf einem Ohr normal, während es auf dem anderen Ohr schwerhörig oder sogar gehörlos ist. Ein solches Kind ist unsicher in der Lokalisation (= Ortung) wahrgenommener Schallreize. Ferner bereitet ihm das Verstehen von Sprache in unruhiger Umgebung - etwa in einer Schulklasse - Mühe, da sich einige Sprachlaute beim Hören mit nur einem Ohr nur schwer unterscheiden lassen.

Alle Arten und Grade von Hörbeeinträchtigungen bei Kindern werden mit dem Oberbegriff »Hörschädigungen« zusammengefaßt. So meint man sowohl gehörlose als auch schwerhörige Kinder, wenn man von hörgeschädigten Kindern spricht.

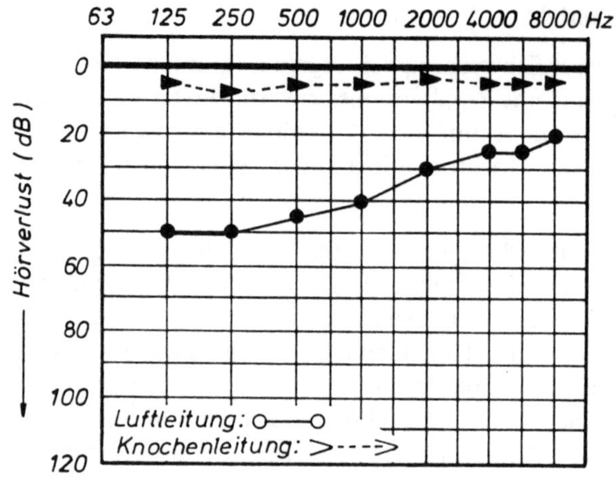

Abb. 3: Tonaudiogramm eines Kindes mit einer Schalleitungs-Schwerhörigkeit

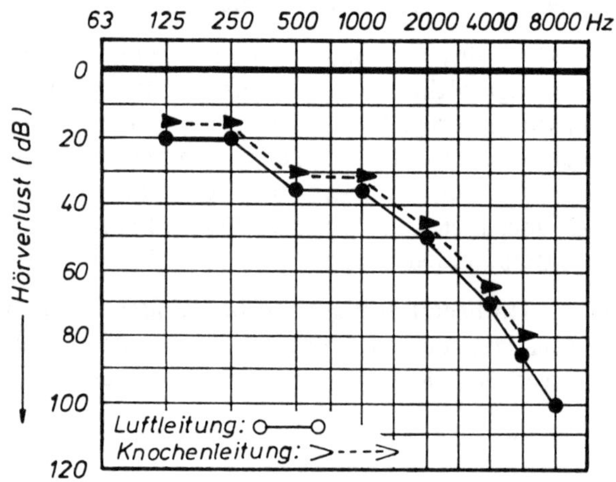

Abb. 4: Tonaudiogramm eines Kindes mit einer Schallempfindungs-Schwerhörigkeit

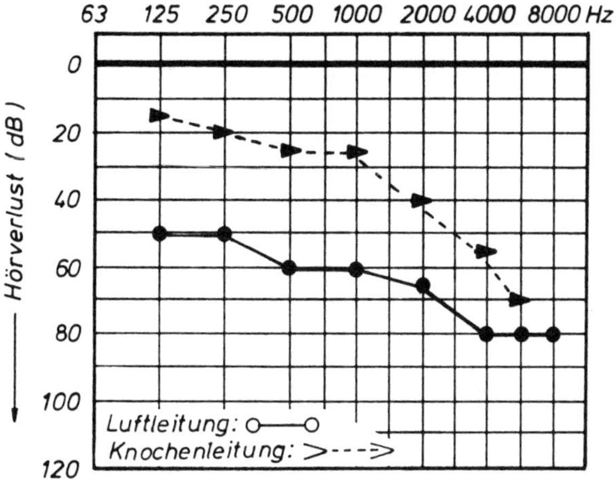

Abb. 5: Tonaudiogramm eines Kindes mit einer kombinierten Schwerhörigkeit

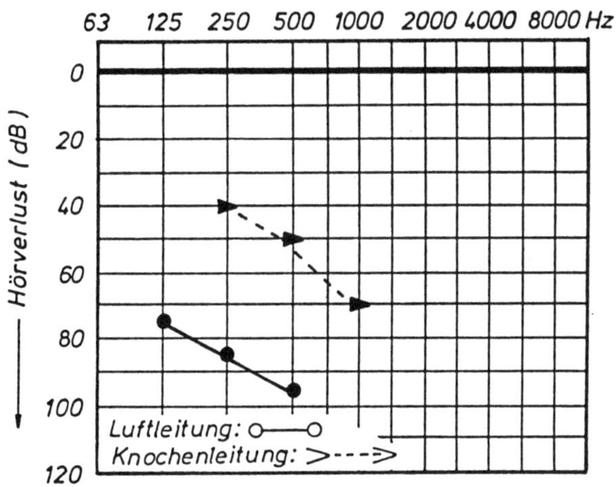

Abb. 6: Tonaudiogramm eines gehörlosen Kindes mit nur geringen Hörresten im Bereich der tiefen Frequenzen

1.5 Abgrenzung zwischen Gehörlosigkeit und Schwerhörigkeit

Aus pädagogischer Sicht ist das Vorhandensein bzw. das Nichtvorhandensein von Sprache ein wichtiges Kriterium für die Abgrenzung einer Gehörlosigkeit von einer Schwerhörigkeit. Hat ein hörgeschädigtes Kind im Vorschulalter Sprache auf natürliche Weise erworben, und sei es auch nur dank des kontinuierlichen Einsatzes gut ausgewählter und frühzeitig angepaßter individueller Hörgeräte oder dank frühzeitiger Versorgung mit einem Cochlear Implantat, und kommuniziert es überwiegend mit verständlicher Lautsprache, dann gilt es als schwerhörig.

Das aber bedeutet, daß eine Abgrenzung zwischen Gehörlosigkeit und Schwerhörigkeit immer erst nach längerer Betreuung und Beobachtung eines pädagogisch wirklich optimal geförderten Kindes erfolgen kann und nicht schon bei seiner Erstuntersuchung. Die Sprachentwicklung eines jeden Kindes ist von vielen Faktoren abhängig, die in ihrem Zusammenwirken nur schwer meßbar sind, so daß kein Fachmann bei einer Erstuntersuchung eines hochgradig hörgeschädigten Säuglings sicher vorhersagen kann, ob dieser im Alter von drei oder vier Jahren als gehörlos oder als schwerhörig anzusehen sein wird.

Wer die Wirksamkeit der sich selbst erfüllenden Vorhersagen kennt, wird sich hüten, ein Kind zu früh als gehörlos zu bezeichnen. Eine solche Entscheidung ist jedoch dann fällig, wenn das Kind, falls von seinen Eltern gewünscht, zur weiteren Förderung einer Vorschule für gehörlose oder für schwerhörige Kinder zugeführt werden soll oder wenn seine Einschulung in eine Regel- bzw. in eine Sonderschule zur Diskussion steht. Als Entscheidungshilfe hierfür kann folgender Hauptunterschied gelten:

- Ein wirklich *gehörloses* Kind ist ein *»Augenmensch«*. Es nimmt Sprache hauptsächlich durch Sehen auf; es liest das Sprechen seiner Mitmenschen von deren Mund ab. Das bedeutet jedoch nicht, daß es deshalb gehörlos bleiben muß und keine Hörgeräte bzw. kein Cochlear Implantat benötigt. Im Gegenteil, Hörgeräte bzw. Cochlear Implantate sind heute auch für gehörlose Kinder, die fast alle noch Hörreste besitzen oder durch ein Cochlear Implantat sogar zu schwerhörigen Kindern werden können, wichtige Wahrnehmungshilfen. Nicht alle diese Kinder können jedoch mit diesen Hilfen Sprache allein über das Gehör aufnehmen lernen. Dies gilt vor allem für zu spät als hörgeschädigt erkannte und darum aber auch zu spät apparativ versorgte Kinder. Bei ihrer Sprachwahrnehmung steht darum auch heute noch das Sehen im Vordergrund.
- Ein *schwerhöriges* Kind ist dagegen ein *»Ohrenmensch«*. Das ihm verbliebene oder durch frühzeitig angepaßte apparative Hilfen erschlossene Hör-

vermögen läßt es Sprache noch vorwiegend über das Gehör wahrnehmen, und sei es auch nur mit Hilfe von Hörgeräten oder eines Cochlear Implantats. Aber auch das schwerhörige Kind kann in bestimmten Situationen nicht auf das Sehen verzichten. Es bietet ihm z.B. bei Störlärm eine sicherere Sprachwahrnehmung und verhilft ihm zu einem besseren Sprechen, wie ja auch dem gehörlosen Kind seine geringen Höreste eine Hilfe zum sichereren Absehen und zum deutlicheren Sprechen sind.

Audiometrisch gesehen kann man eine Gehörlosigkeit mit den bereits erwähnten Werten von einer Schwerhörigkeit abgrenzen. So spricht man im allgemeinen dann von einer Gehörlosigkeit, wenn der mittlere Hörverlust bei den Frequenzen von 125 und 250 Hz mehr als 60 dB und bei den Frequenezn von 500, 1.000 und 2.000 Hz mehr als 100 dB beträgt.

Eine solche audiometrische Abgrenzung darf jedoch nicht überbewertet werden, denn auch Faktoren wie Intelligenz, Sprachentwicklungsstand, Sprachbegabung, Zusatzbehinderungen, familiäre Umwelt, Zeitpunkt des Eintritts der Hörschädigung, der Hörgeräte- bzw. der Cochlear Implantat Versorgung und des Beginns der pädagogischen Förderung sind in diesem Zusammenhang zu bedenken. Manche dieser Faktoren lassen sich pädagogisch steuern, andere nicht. Darum hängt es neben dem Hörverlust eines Kindes vor allem in Grenzfällen zwischen Gehörlosigkeit und Schwerhörigkeit oft vom pädagogischen Einsatz der Eltern und Betreuer in der Früherziehung (0 bis 3 Jahre) und in der Elementar- oder Vorschulerziehung (4 bis 6 Jahre) ab, ob ein hörgeschädigtes Kind bei Erreichen des schulpflichtigen Alters seine Beschulung zusammen mit anderen gehörlosen bzw. schwerhörigen Kindern haben soll oder gemeinsam mit hörenden Kindern beschult werden kann.

Daß heute nicht nur schwerhörige, sondern auch manche sprachlich bereits im Vorschulalter hervorragend geförderte hochgradig hörgeschädigte Kinder mit gutem Erfolg gemeinsam mit hörenden Kindern unterrichtet werden können, sofern auch die anderen hierfür erforderlichen Bedingungen weitgehend erfüllt sind, konnte bereits in mehreren im deutschen Sprachgebiet durchgeführten Untersuchungen überzeugend nachgewiesen werden (Löwe 1985; Müller 1994).

1.6 Ursachen für Hörschäden bei Kindern

Es gibt viele Ursachen für das Entstehen von Hörschäden bei Kindern. Die wichtigsten sind in der auf Seite 15 wiedergegebenen Übersicht aufgezeigt.

Während man früher zwischen angeborenen und erworbenen Hörschäden unterschieden hat, unterscheidet man heute zwischen erblichen und erworbenen Hörschäden. Ferner spricht man je nach Zeitpunkt des Entstehens der Hörschädigung von pränatalen, perinatalen und postnatalen Ursachen.

Hörschäden bei Kindern sind viel häufiger vererbt als allgemein bekannt ist. So weisen neuere Untersuchungen (siehe: Löwe/Hildmann 1994) nach, daß etwa 40 bis 60% aller irreversiblen kindlichen Hörschäden eine genetische Ursache haben. Und da die Medizin noch immer vor allem bei der Bekämpfung nichtgenetischer Ursachen Fortschritte erzielt, muß in Zukunft sehr wahrscheinlich mit einem noch höheren prozentualen Anteil genetisch bedingter Hörschäden gerechnet werden.

Nun sind allerdings nicht alle erblich bedingten Hörschäden bereits bei der Geburt manifest. Manche entwickeln sich erst nach der Geburt, sei es ganz allmählich, sei es plötzlich. Man spricht dann von progredienten Hörschäden. Selbst pränatal erworbene Hörschäden können zuweilen progredient verlaufen. So kann z.B. das Innenohr eines Kindes durch eine Rötelnerkrankung seiner Mutter während der Schwangerschaft anfänglich so gering geschwächt sein, daß es seine Funktion eine Zeitlang erfüllen kann, bevor seine Kraft nachläßt oder ganz erlischt.

Als häufigste Ursachen für Hörschäden bei Kindern seien genannt:

pränatale Ursachen
erbliche Hörschäden
Röteln während der ersten Schwangerschaftshälfte
schwerer Diabetes während der Schwangerschaft
schwere Blutungen während der Schwangerschaft
Alkohol-Fetopathie
Chromosomenaberration

perinatale Ursachen
Geburtsgewicht unter 1.500 g
schwere Asphyxie mit längeren Wiederbelebungsversuchen
neonatale Sepsis/Meningitis
Ikterus gravis

postnatale Ursachen
Meningitis/Encephalitis
schwere Mumps- und Maserninfektion im Säuglingsalter

Oft wird behauptet, daß ein gewisser Zusammenhang zwischen sozialer Schicht und Vorkommen von Hörschäden bei Kindern bestehe. So gibt es z.B.

in Sonderschulen für gehörlose und für schwerhörige Kinder häufig mehr Unterschichtkinder, als nach der allgemeinen Schichtverteilung zu erwarten gewesen wäre. Das kann u.a. daran liegen, daß Eltern aus den unteren Schichten von den Angeboten der Schwangerenbetreuung, der genetischen Beratung, der Vorsorgeuntersuchungen bei Säuglingen und der Schutzimpfungen weniger Gebrauch machen als Angehörige der Mittel- und Oberschicht. Da jedoch erwiesen ist, daß Mittelschichtkinder unter den hörgeschädigten Regelschülern stark überrepräsentiert sind (Löwe 1985), spricht viel dafür, daß es die ungleiche Verteilung von sozialer Schicht und Vorkommen von Hörschäden bei Kindern, falls überhaupt, sehr wahrscheinlich in weitaus abgeschwächterer Form gibt, als zuweilen behauptet wird.

1.7 Die Häufigkeit von Hörschäden bei Kindern

Bis etwa 1970 gab es sehr zuverlässige Zahlen über die Häufigkeit von Hörschäden bei Kindern. So wußte man damals sehr genau, daß z.B. jeweils etwa 0,04% eines Schülerjahrgangs eine so starke Höreinbuße hatte, daß die davon betroffenen Kinder als gehörlos angesehen werden mußten. Mit anderen Worten: auf jeweils etwa 2.500 Kinder entfiel damals ein gehörloses Kind. Die Zahl der einer täglichen sonderpädagogischen Förderung bedürftigen schwerhörigen Kinder lag vor 25 Jahren etwa doppelt so hoch und wurde mit 0,08% angegeben (Kultusministerium Rheinland-Pfalz 1974). Man konnte demnach in den siebziger Jahren davon ausgehen, daß unter rund 2.500 Schülern jeweils ein gehörloses und zwei hochgradig schwerhörige Kinder gefunden werden konnten.

Ob diese Werte gegenwärtig noch zutreffen, ob sie niedriger oder eventuell auch höher liegen, darüber gibt es keine als zuverlässig anzusehenden neueren statistischen Angaben. Angesichts des in den letzten beiden Jahrzehnten in fast allen Gehörlosen- und Schwerhörigenschulen zu beobachten gewesenen starken Rückgangs der Gesamtschülerzahl, liegt allerdings die Vermutung nahe, daß die Zahl der hochgradig hörgeschädigten Kinder stärker abgenommen haben dürfte, als aufgrund des allgemeinen Schülerrückgangs angenommen werden darf. Da gleichzeitig immer mehr hörgeschädigte Kinder, die dann allerdings in keiner Statistik als solche ausgewiesen sind, eine Regelschule besuchen können (darunter auch Kinder, die zwar gehörlos geboren sind, dann aber dank einer Cochlear Implantation zu schwerhörigen Kindern geworden sind), ist es gegenwärtig kaum mehr möglich, den prozentualen Anteil der gehörlosen und hochgradig schwerhörigen Kinder an der Gesamtschülerzahl einigermaßen sicher anzugeben.

1.8 Die Auswirkungen einer frühkindlichen Hörschädigung

Sprache ist die Grundlage jeder zwischenmenschlichen Kommunikation. Mit ihr informieren sich Menschen über ihre Gedanken und ihre Gefühle. Voraussetzung hierfür ist allerdings, daß die Kommunikationspartner über eine gemeinsame Sprache verfügen. Sie müssen mit den Wortbedeutungen und mit der Struktur dieser Sprache gut vertraut sein.

Die zwischenmenschliche Kommunikation vollzieht sich in unserem Kulturkreis entweder über die gesprochene oder über die geschriebene Sprache. Beide haben eine rezeptive und eine expressive Seite, nämlich Hören bzw. Lesen auf der einen und Sprechen bzw. Schreiben auf der anderen Seite. Hörende Kinder erwerben die Fähigkeit zur lautsprachlichen Kommunikation in der in ihrer Umgebung gesprochenen Sprache im allgemeinen dadurch, daß sie in dieser Sprachumgebung aufwachsen. Die Befähigung zur schriftsprachlichen Kommunikation wird ihnen in der Schule vermittelt.

Kinder mit hochgradigen Höreinbußen können die in ihrer Umgebung gesprochene Sprache nicht ohne weiteres wahrnehmen, sofern sie nicht frühzeitig als hörgeschädigt diagnostiziert und sofort mit geeigneten Hörhilfen versorgt worden sind. Um die auch über die Hörhilfen zuweilen nur bruchstückhaft wahrnehmbare Sprache erwerben zu können, benötigen sie von klein auf eine gezielte sprachliche Förderung, Hör-Spracherziehung oder auch auditiv-verbale Erziehung genannt.

Da dieser frühe hörgerichtete Lautspracherwerb einerseits nicht allen hörgeschädigten Kindern in gleicher Weise wirklich optimal angeboten wird und andererseits hörgeschädigte Kinder keine homogene, sondern im Gegenteil, wie aus der Übersicht auf Seite 15 zu ersehen ist, sogar eine sehr heterogene Gruppe bilden, entwickeln sich hörgeschädigte Kinder bereits im Vorschulalter sehr unterschiedlich. Manche von ihnen – und das sind dann die hörgeschädigten Kinder, die für einen Regelschulbesuch besonders qualifiziert sind – entwickeln sich dank der ihnen zuteil gewordenen sonderpädagogischen Förderung in nahezu allen Bereichen sehr harmonisch. Man kann sie darum auch als entwicklungssynchrone Kinder bezeichnen. Dagegen kommt es bei anderen hörgeschädigten Kindern zu einer schweren Entwicklungs-Asynchronie. Sie sind vor allem in ihrer kommunikativen und sozialen Entwicklung stark retardiert.

Auch wenn Sprechen und Sprache nicht dasselbe meinen, so entwickeln sie sich doch in einem engen Verbund. Dazu bedarf es gewöhnlich keinerlei besonderer Unterrichtung. Die Anlage für den Spracherwerb ist bei jedem Kind so stark ausgeprägt vorhanden, daß es im allgemeinen nur in Fällen einer nicht erkannten geistigen Behinderung und einer nicht frühbehandelten hochgradigen Hörschädigung zu keiner Sprachentwicklung kommt.

Mit dem Lesen und Schreiben verhält es sich anders. Ihre Entwicklung beruht auf dem Vorhandensein eines gewissen Sprachschatzes und wird wesentlich erleichtert, wenn ein Kind auch gut sprechen kann. Das Vorhandensein eines gesprochenen Wortschatzes ist für hörende Kinder sehr wichtig, denn dann können sie beim Lesenlernen die geschriebene Form eines Wortes, seine Schriftgestalt, mit der diesem Wort entsprechenden gesprochenen Form, seiner Lautgestalt, assoziieren. Sobald diese Assoziation hergestellt und die Bedeutung des Wortes verstanden ist, erinnern sie sich unschwer an die Schriftgestalt, die das Wort repräsentiert. Und ihnen noch unbekannte Wörter können sie mit Hilfe der ihnen bekannten Sprache aus dem Zusammenhang oder mit Hilfe von sprachlichen Erklärungen unschwer erschließen.

Das hörgeschädigte Vorschulkind, dem nicht von klein auf eine gute Hör-Spracherziehung, ein optimal gestalteter hörgerichteter Spracherwerb, angeboten worden ist, besitzt dagegen weder den Wortschatz noch die Sprachstrukturen, die ihm weiterhelfen könnten. Darum muß ihm jedes Wort mühselig beigebracht werden. Angesichts dieser Tatsache nimmt es nicht wunder, daß hörgeschädigte Kinder, denen entweder keine optimale frühe Hör-Spracherziehung zuteil geworden ist oder die schwerwiegende zusätzliche sprachentwicklungshemmende Beeinträchtigungen (etwa eine Sehschädigung, eine geistige Behinderung oder eine Dyspraxie) aufweisen, nicht nur in ihrer lautsprachlichen, sondern auch in ihrer schriftsprachlichen Entwicklung weit hinter gleichaltrigen hörenden Kindern zurückbleiben.

Wie Blindheit von den Dingen trennt, so trennt, wie es die bekannte taubblinde Amerikanerin Helen Keller einmal ausgeführt hat, eine hochgradige Hörschädigung von den Menschen. Diese Trennung hat, wenn ihr nicht frühzeitig gegengesteuert wird, nicht nur Auswirkungen auf die Sprachentwicklung; sie beeinträchtigt auch die Sozialentwicklung eines hochgradig hörgeschädigten Kindes. So wurde in Untersuchungen bei vielen hörgeschädigten Sonderschülern nachgewiesen, daß nicht wenige dieser Kinder in ihrem Verhalten als sozial naiv und unreif angesehen werden müssen. Erfreulicherweise scheinen derartige Verhaltensabweichungen bei den hörgeschädigten Kindern, die zunächst einen Regelkindergarten besucht haben und später in einer Regelschule unterrichtet worden sind, nicht vorzukommen. Neben Alfred Willer (1966) war es vor allem der selbst von Geburt an gehörlose Soziologe Dr. Pierre Gorman (van den Hoven, Löwe, Speth 1980), der als einer der ersten auf diesen Sachverhalt aufmerksam gemacht hat.

2.0 Warum viele Eltern ihr hörgeschädigtes Kind in eine Regelschule schicken wollen

2.1 Fast 250 Jahre Sonderbeschulung für hörgeschädigte Kinder

1760 begann der französische Priester Abbé Charles Michel de l'Epée (1712–1789) in Paris mit dem Unterricht gehörloser Kinder. Die aus seinen Bemühungen hervorgegangene Schule besteht heute noch unter der Bezeichung *»Institut National de Jeunes Sourds«* und kann somit bereits auf eine Tradition von mehr als 235 Jahren zurückblicken. Zur gleichen Zeit wie de l'Epée in Paris begannen Samuel Heinicke (1727–1790) zunächst in Hamburg und später in Leipzig und Thomas Braidwood (1715–1806) in Edinburgh/ Schottland mit dem Unterricht gehörloser Kinder. Auch die von ihnen errichteten Sonderschulen bestehen heute noch und führten gegen Ende des 18. bzw. zu Beginn des 19. Jahrhunderts zur Gründung vieler weiterer Schulen für hörgeschädigte Kinder, zunächst in Europa und später auch in Übersee.

Mit anderen Worten: in einigen europäischen Ländern wie z.B. in Frankreich, Deutschland, Großbritannien, den Niederlanden und Österreich hat man mit der schulischen Erziehung und Bildung hochgradig hörgeschädigter Kinder schon vor mehr als 200 Jahren begonnen, in anderen zu Beginn des 19. Jahrhunderts. Somit aber ist die Gehörlosenpädagogik, früher Taubstummenpädagogik genannt, die älteste sonderpädagogische Disziplin. Diese Tatsache wird noch erhärtet, wenn man weiß, daß der erste Pädagoge, der gehörlose Kinder zur Beherrschung der Lautsprache befähigt hat, nämlich der spanische Benediktinermönch Pedro Ponce de León (1510–1584), bereits vor mehr als 400 Jahren gestorben und das erste Lehrbuch über den Lautsprachunterricht gehörloser Kinder bereits 1620 erschienen ist (Juan Pablo Bonet: *La reducción de las letras y el arte para enseñar a hablar los mudos.* Madrid 1620).

Vor etwa 100 Jahren sonderte sich in einigen europäischen Ländern, ausgehend von Deutschland, wo Hans Brauckmann (1862–1938) 1894 in Jena erstmals eine Schule nur für schwerhörige und im Sprachbesitz ertaubte Kinder gegründet hatte, die Schwerhörigenpädagogik von der Gehörlosenpädagogik ab, während sie in vielen anderen Ländern der Welt auch heute noch ein fester Bestandteil der Gehörlosenpädagogik ist, die sich dann als Hörgeschädigtenpädagogik versteht und sich sowohl der Erziehung und Bildung gehörloser als auch schwerhöriger Kinder verpflichtet weiß.

2.2 Seit etwa 30 Jahren in zunehmendem Maße auch gemeinsame Beschulung hörender und hörgeschädigter Kinder

Bis vor etwa 30 Jahren ist es Eltern eines hörgeschädigten Kindes nur in Ausnahmefällen einmal in den Sinn gekommen, für ihr Kind an eine Beschulung in einer Regelschule zu denken und diese auch durchzusetzen. Heute wünschen dagegen viele Eltern eines schwerhörigen, aber auch manche Eltern eines gehörlosen Kindes, daß ihr hörgeschädigtes Kind seinen Unterricht nicht in einer Sonderschule, sondern gemeinsam mit guthörenden Kindern in einer Regelschule erhält.

Wie ist es zu dieser veränderten Einstellung gekommen? Als ich 1949, also vor mehr als 45 Jahren, als junger Lehrer gehörlose Kinder zu unterrichten begann, erwarteten Eltern noch alles von der Gehörlosen- bzw. von der Schwerhörigenschule. Ihnen wurde ja damals auch von allen Fachleuten immer wieder versichert, daß sie selbst kaum etwas für die Erziehung und Bildung ihres hörgeschädigten Kindes tun könnten, ja daß diese Aufgabe allein von hierfür besonders ausgebildeten Lehrkräften in einer besonderen Schule bewältigt werden könnte.

Als Folge einer frühen und guten Hör-Spracherziehung im Elternhaus

Nachdem 1959 von mir in Heidelberg die erste Pädaudiologische Beratungsstelle für Eltern hörgeschädigter Kleinkinder eröffnet worden war und, von ihr ausgehend, erstmals im deutschsprachigen Mitteleuropa die frühe Hör-Spracherziehung für hörgeschädigte Kleinkinder im Elternhaus verwirklicht werden konnte, erkannten von Jahr zu Jahr immer mehr Eltern, daß sie, falls sie hierfür nur gute Anleitungen erhalten und diese dann auch in die Tat umgesetzt hatten, sehr viel für ihr gehörloses oder schwerhöriges Kind tun konnten. Gut geförderte hörgeschädigte Vorschulkinder liefen in ihrer Entwicklung schon zu Beginn der sechziger Jahre den anderen, weniger gut oder überhaupt nicht geförderten Kindern, davon. Sie übertrafen sie in ihrer emotionalen, kognitiven, psychomotorischen, sozialen und sprachlichen Entwicklung so sehr, daß sie für die traditionelle Sonderbeschulung kaum mehr in Frage kommen konnten. Viele dieser Kinder hatten bereits zu Beginn des Schulpflichtalters einen Sprachentwicklungsstand erreicht, den die anderen Kinder im günstigsten Fall erst gegen Ende ihrer Grundschuljahre in einer Sonderschule erreichen konnten. Mit anderen Worten: die gemeinsame Beschulung guthörender und hörgeschädigter Kinder ist das Ergebnis einer besonders erfolgreich verlaufenen Früherziehung. So ist heute, insgesamt gesehen, die Beschulung hörgeschädigter Kinder dort am weitesten verbreitet, wo das Früherziehungsangebot überdurchschnittlich gut ist und von den Eltern voll angenommen wird. Aber auch das Gegenteil trifft leider zu.

Eine Folge immer besser gewordener Hörhilfen

Ein weiterer wichtiger Anstoß für die gemeinsame Beschulung guthörender und hörgeschädigter Kinder in Regelschulen war die rasante Entwicklung moderner technischer Hörhilfen, die übrigens noch längst nicht zum Abschluß gekommen ist und in den kommenden Jahren noch mit manchen Neuerungen aufwarten wird. Hier ist aber auch auf die erst seit Beginn der neunziger Jahre möglich gewordene Versorgung auch schon gehörloser Kleinkinder mit einem Cochlear Implantat zu verweisen.

Einen bemerkenswerten Durchbruch brachten ferner die vielen hörgeschädigten Kindern zusätzlich zu gut angepaßten individuellen Hörgeräten verordneten und optimal genützten Sende- und Empfangsgeräte. Über deren didaktisch angemessenen Einsatz in Regelschulklassen wird in einem besonderen Kapitel kurz informiert. Und auch in diesem Bereich ist die technische Entwicklung noch längst nicht an ihrem Ende angekommen. Und hat man bis vor wenigen Jahren erst bei hörgeschädigten Schulkindern an den zusätzlichen Einsatz von Sende- und Empfangsgeräten gedacht, so werden diese heute mancherorts schon bei Kleinkindern mit großem Erfolg im Elternhaus eingesetzt. Und wieder ist es so, daß dort, wo eine optimale frühe Hörgeräteversorgung mit zusätzlicher Bereitstellung eines Sende- und Empfangsgerätes mit einer gleichzeitig damit in die Wege geleiteten frühen Hör-Spracherziehung auf konsequent lautsprachlicher Grundlage zusammenkommen, die Möglichkeiten für eine gemeinsame Beschulung guthörender und hörgeschädigter Kinder größer sind als dort, wo dies weniger ausgeprägt der Fall ist.

Als Folge des Schülerrückgangs in Regelschulen

Es kommt hinzu, daß behinderte Kinder im allgemeinen und hörgeschädigte Kinder mit guter Intelligenz und hohem Sprachentwicklungsstand im besonderen heute dank guter Öffentlichkeitsarbeit in Regelschulen nicht nur geduldet, sondern sogar sehr gern gesehen werden. Wie die Ergebnisse einer von mir veranlaßten großen Erhebung (Löwe 1985) sowie einer von dem Schweizer Hörgeschädigtenpädagogen René Müller (1994) durchgeführten Untersuchung gezeigt haben, empfindet die überwiegende Mehrheit aller an Regelschulen tätigen Lehrkräfte einen hörgeschädigten Schüler in ihrer Klasse weit eher als eine Bereicherung als als eine Belastung.

Zu diesem beachtenswerten Einstellungswandel hat aber ganz gewiß auch die infolge der Geburtenrückgangs in vielen Schulen stark zurückgegangene

Schülerzahl beigetragen, die in manchen Regelschulen zu Klassenstärken geführt hat, wie man sie vor 20 und mehr Jahren nur in Sonderschulen gekannt hatte.

Als Folge der Hinwendung zur manuellen Kommunikation in manchen Sonderschulen für hörgeschädigte Kinder

Aber auch dieser Faktor war ein wichtiger Auslöser: die bei hörgeschädigten Kindern beobachtete prozentuale Zunahme der Mehrfachbehinderungen in den sechziger Jahren, die allerdings inzwischen ihren Höhepunkt überschritten hat. Die dadurch - trotz Verwirklichung der frühen Hör-Spracherziehung im Elternhaus und trotz Intensivierung der Vorschulerziehung in Sonderkindergärten - zum Teil schwieriger gewordenen Unterrichtsbedingungen hatten in manchen Sonderschulen für gehörlose und für schwerhörige Kinder zur Folge, daß dort der Ruf nach manuellen Kommunikationshilfen, angefangen vom Einsatz des Fingeralphabets bis hin zur Verwendung von Gebärden, immer lauter wurde. Diesem lautstark verkündetem Ruf - er ist für eine kleine Minderheit gehörloser Kinder mit schweren Zusatzbehinderungen durchaus berechtigt (aber eben nur für diese Kinder) - folgte zunächst in einigen norddeutschen, bald auch in einer Schweizer und in österreichischen Sonderschulen für hörgeschädigte Kinder die Tat. Die manuelle Kommunikation wurde dort allerdings auch den hörgeschädigten Kindern angeboten, für die eine solche »Hilfe« verhängnisvolle Auswirkungen auf ihre lautsprachliche und soziale Entwicklung haben mußte.

Das war, worauf vor allem Schmitz-Wenzel (1986) als Direktor einer Sonderschule für hörgeschädigte Kinder in Rheinland-Pfalz hingewiesen hat, ein weiterer Faktor, der den Trend »weg von der Gehörlosenschule« und im Gefolge damit »weg von der Schwerhörigenschule« verstärkt hat. Immer mehr Eltern optimal geförderter hörgeschädigter Kinder tun heute verständlicherweise alles, ihr Kind von den seine Lautsprachentwicklung bedrohenden Einwirkungen der Gebärdensprache zu bewahren und ihm wenigstens eine gemeinsame Grundschulzeit zusammen mit guthörenden Kindern in einer Regelschule zu ermöglichen.

Als Folge eines Bewußtseinswandels

Zu den bisher genannten Faktoren ist im Laufe des letzten Jahrzehnts ein weiterer hinzugetreten. Eltern wehren sich vehement gegen eine schulische Aussonderung ihrer behinderten Kinder, die sehr häufig entweder mit stundenlangen Bus- oder Taxifahrten, die sowohl aus pädagogischer als auch aus kinderärztlicher Sicht überhaupt nicht verantwortet werden können, oder aber mit einer Heimunterbringung ihrer Kinder verbunden ist. So sind bereits in zahlreichen Städten und Regionen Elterninitiativen entstanden, die sich mit dem Motto *»Eltern gegen Aussonderung«* für eine Beschulung behinderter Kinder in Regelschulen einsetzen.

So sind es mehrere Faktoren, die - teils für sich allein, teils im Zusammenwirken - dazu beigetragen haben, daß heute immer mehr Eltern den durchaus verständlichen und häufig auch berechtigten Wunsch haben, ihr Kind trotz Vorliegens einer Hörschädigung nach Möglichkeit in der ihrem Wohnsitz nächstgelegenen Regelschule unterrichten zu lassen. Ob dieser Wunsch in jedem einzelnen Fall auch wirklich vertretbar ist, sei zunächst dahingestellt. Ganz gewiß erfüllen nicht alle hörgeschädigten Kinder, für die eine gemeinsame Beschulung mit guthörenden Kindern angestrebt wird, auch die hierfür notwendigen Voraussetzungen. Auf der anderen Seite wird die Möglichkeit einer Regelbeschulung vielen hierfür qualifizierten hörgeschädigten Kindern aber auch noch immer vorenthalten.

3.0 Vor- und Nachteile der Beschulung eines einzelnen hörgeschädigten Kindes in einer Regelschulklasse

3.1 Vorteile

- Das hörgeschädigte Kind, das eine Regelschule in seiner Wohngemeinde oder in deren Nähe besuchen kann, muß nicht während der Woche in einem Schülerheim einer Sonderschule wohnen. Es muß auch nicht in aller Herrgottsfrühe mit einem Schulbus oder einer Schultaxi sein Elternhaus verlassen, um rechtzeitig eine von seinem Wohnort weiter entfernte Sonderschule, von der es in der Regel erst am späten Nachmittag wieder nach Hause zurückkehrt, zu erreichen. Das aber hat den Vorteil, daß entstehende Schulfreundschaften in der Nachbarschaft verstärkt und bereits bestehende Nachbarschaftsfreundschaften auch in der Schule gepflegt werden können.
- Das hörgeschädigte Kind, das seinen Unterricht in einer Regelschule erhält, kann sich seine Freunde unter hörenden Mitschülern suchen. Infolgedessen wird es sich - mit großer Wahrscheinlichkeit - mit der Gruppe hörender Kinder identifizieren. Dies bedeutet, langfristig gesehen, daß es als junger Erwachsener seinen Ehepartner sehr wahrscheinlich eher unter hörenden als unter hörgeschädigten Mitmenschen suchen und finden wird.
- Eine Vollzeitbeschulung eines hörgeschädigten Kindes in einer Regelschule ist, sofern es die hierfür notwendigen Voraussetzungen erfüllt, eine echte Herausforderung, die das Kind dazu stimulieren kann, sich schulisch und sozial voll zu engagieren.
- Das hörgeschädigte Kind lernt seine Behinderung in einer »normalen« Umgebung anzunehmen.
- Ein integriert beschultes hörgeschädigtes Kind befindet sich kaum in der Gefahr, in ähnlicher Weise als Behinderter abgestempelt und stigmatisiert zu werden, wie dies möglicherweise der Fall wäre, wenn es einer leichter zu identifizierenden Gruppe nur hörgeschädigter Kinder angehören würde.
- Mehrere Forschungsarbeiten haben überzeugend nachgewiesen (u.a. Jensema/Trybus 1979; Dale 1984; Löwe 1985; Harrison et al. 1991, 1992, 1993; Lynas 1986; Müller 1994), daß integriert beschulte hörgeschädigte Kinder im allgemeinen bessere schulische und sprachliche Leistungen erbringen als hörgeschädigte Sonderschüler.
- Hörgeschädigte Regelschüler müssen sich weit mehr mit den Widrigkeiten des Alltagslebens auseinandersetzen, als dies im Schonklima einer Son-

derschule im allgemeinen der Fall ist. Das aber hat den großen Vorteil, daß sie schon früh lernen, sich den Anforderungen des täglichen Lebens zu stellen und darum für die Zeit nach der Schulentlassung weitaus besser gewappnet sind als hörgeschädigte Sonderschüler.

3.2 Nachteile

- Die sonderpädagogischen Bedürfnisse eines integriert beschulten hörgeschädigten Kindes können von seinem Lehrer zeitweise übersehen werden. Das kann dann dazu führen, daß das hörgeschädigte Kind während dieser Zeit vom Unterricht nicht viel mitbekommt.
- Ein hörgeschädigtes Kind kann sich in einer Regelschulklasse isoliert und unglücklich fühlen, wenn es niemanden hat, mit dem es sich aussprechen kann (das kann allerdings auch für manches guthörende Kind zutreffen). Es kann sich, sofern die für eine integrierte Beschulung notwendigen Voraussetzungen nicht gegeben sind, überfordert fühlen. Dies trifft vor allem dann zu, wenn es sich seinen Mitschülern gegenüber fast immer als unterlegen verspürt.
- Ein hörgeschädigter Regelschüler ist sehr oft das einzige hörgeschädigte Kind in seiner Schule. Er hat darum keine täglichen Kontakte mit anderen hörgeschädigten Kindern. Sollte er eines Tages den Wunsch haben, mit organisierten Gruppen hörgeschädigter Jugendlicher oder Erwachsener in Beziehung zu treten, wird er bei diesen möglicherweise auf Zurückhaltung stoßen.
- Klassenlehrer in Regelschulen können im allgemeinen weniger Rücksicht auf die Bedürfnisse eines hörgeschädigten Schülers nehmen als Lehrer, die in einer Sonderschule eine Kleinklasse nur hörgeschädigter Kinder unterrichten.
- Schüler einer Regelschule, die keine oder nur unzureichende Information über das, was eine Hörschädigung bedeuten kann, besitzen, sind nicht immer bereit, einem hörgeschädigten Mitschüler die erforderliche Hilfe anzubieten.
- Der hörgeschädigte Regelschüler erhält seinen Unterricht in Schulräumen, die zuweilen eine schlechte Raumakustik aufweisen und in denen infolge der größeren Schülerzahl ein höherer Lärmpegel als in einer Sonderschulklasse herrschen kann. Das wiederum kann einem hörgeschädigten Kind Unbehagen bereiten und es daran hindern, die ihm noch verbliebene Hörfähigkeit voll auszunützen. Dies gilt vor allem für den Fall, daß ihm zussätzlich zu seinen individuellen Hörgeräten keine UKW-Sende- und Empfangsanlage zur Verfügung stehen sollte.

(Aus diesen Bemerkungen darf leider nicht gefolgert werden, daß hörgeschädigten Kindern in allen Sonderschulen wirklich die Chance geboten wird, ihre Hörfähigkeit im Unterricht optimal zu nützen.)

- Manches integriert beschulte hörgeschädigte Kind, das zusammen mit zu vielen guthörenden Mitschülern in einem Klassenzimmer mit einer unbefriedigenden Raumakustik unterrichtet wird, läuft - sofern sein Lehrer kein Sendemikrofon benützen sollte - Gefahr, daß sein sprachliches Potential infolge der dann beeinträchtigten Sprachwahrnehmung nur unzureichend zur Entfaltung gelangt. Diese Gefahr besteht besonders dann, wenn sich ihm sein Lehrer nicht von Zeit zu Zeit individuell zuwendet. Selbst dann, wenn seine Mitschüler viel mit ihm kommunizieren, muß davon ausgegangen werden, daß deren sprachliches Vorbild nicht dem des Lehrers entspricht.
- Nachteile können aber auch für die Familie des hörgeschädigten Kindes entstehen. So kann z.B. eine Mutter eines hörgeschädigten Regelschülers kaum eine Vollzeitbeschäftigung außerhalb des Elternhauses ausüben. Dies gilt vor allem für die Grundschuljahre.

4.0 Voraussetzungen für eine erfolgverheißende Beschulung eines hörgeschädigten Kindes in einer Regelschule

Für ein hörgeschädigtes Kind, für das eine Regelbeschulung vorgesehen ist, sollten möglichst viele der nachstehend angeführten.Bedingungen erfüllt sein. Je mehr dieser Bedingungen als gegeben abgehakt werden können, desto wahrscheinlicher wird es, daß die angestrebte Regelbeschulung wenigstens für die ersten Grundschuljahre erfolgreich verlaufen wird.

- Verständliches Sprechen und gute Sprachwahrnehmungsleistungen, sei es - mit Hilfe angemessener Hörgeräte bzw. einer Cochlear Implantat Versorgung und eines guten FM-Systems - über Hören allein oder über kombiniertes Hören und Absehen.
- Dem jeweiligen Lebensalter entsprechendes Verfügen über möglichst viele der folgenden Persönlichkeitsmerkmale: Selbständigkeit; soziale Reife; Entschlossenheit; Motivation; fähig, Kritik einzustecken; soziales Verhalten; Aufgeschlossenheit gegenüber anderen Menschen; eine positive Einstellung zur Schule im allgemeinen und zur eigenen Beschulung in einer Regelschule im besonderen.
- Hilfsbereite Eltern, die den Hörverlust ihres Kindes und die von ihm zu benützenden apparativen Hilfen als eine Gegebenheit akzeptiert haben; die ihr hörgeschädigtes Kind in gleicher Weise behandeln wie ihre anderen Kinder; die es ihre Zuneigung erkennen lassen; die nachdrücklich eine Regelbeschulung anstreben; die von ihrem Kind trotz seiner Hörbeeinträchtigung altersgemäße Leistungen erwarten; die bereit und fähig sind, ihr hörgeschädigtes Kind auf seinem Weg durch die Regelschule zu begleiten.
- Wenigstens durchschnittliche, nach Möglichkeit aber überdurchschnittliche, mit standardisierten Testverfahren ermittelte Intelligenz.
- Die Fähigkeit, die deutsche Sprache in Wort und Schrift auf annähernd dem gleichen Niveau wie der Durchschnitt der hörenden Mitschüler anwenden zu können. So sollte das hörgeschädigte Kind - wie seine gleichaltrigen Mitschüler - dazu fähig sein, einen gelesenen Text frei wiederzugeben, Redensarten sinnvoll anzuwenden und Satzstrukturen zu beherrschen.
- Die schulischen Leistungen des hörgeschädigten Kindes sollten in etwa dem Durchschnitt seiner guthörenden Mitschüler entsprechen.
- Die noch vorhandene Hörfähigkeit sollte während der gesamten Unterrichtstätigkeit mit den hierfür am besten geeigneten Hörhilfen optimal für die Sprachwahrnehmung genützt werden.

- Der Einschulung sollte sowohl eine gute Früherziehung als auch eine gute Vorschulerziehung vorausgegangen sein, die beide zum Erlangen der bereits genannten Voraussetzungen geführt haben.
- Wenn es auch wünschenswert ist, daß ein hörgeschädigtes Kind, das in einer Regelschule unterrichtet werden soll, noch eine gewisse Hörfähigkeit besitzt, so spielt doch der Grad des Hörverlustes keinesfalls die entscheidende Rolle, die ihm oft zugeschrieben wird. Auch gehörlos geborene Kinder können, vor allem nach einer frühzeitig erfolgten Cochlear Implantat Versorgung, sofern bei ihnen die genannten anderen Voraussetzungen weitgehend vorhanden sind, in Einzelfällen durchaus mit gutem Erfolg in einer Regelschule unterrichtet werden.
- Die Zeit, die Eltern einem hörgeschädigten Kind widmen können, ist ebenfalls zu berücksichtigen. Ein hörgeschädiger Regelschüler kann durch ein oder zwei guthörende Geschwister viele zusätzliche Anregungen erfahren. Das Vorhandensein mehrerer Geschwister darf darum keinesfalls als Erschwernis für eine angestrebte Regelbeschulung angesehen werden.

Mein Freund und Kollege, der australische Universitätsdozent (für das Lehrgebiet Soziologie der Behinderten) Dr. Pierre Gorman, ein von Geburt an Gehörloser, der seine gesamte Erziehung und Bildung bis zur Promotion zum Dr. phil. an der britischen Universität Cambridge immer nur inmitten guthörender Kinder, Jugendlicher und Erwachsener erhalten hat, nennt die folgenden sechs Kriterien, die nach seiner Überzeugung für eine erfolgverheißende Integration eines behinderten Kindes in eine Regelschulklasse unabdingbar sind:

- Schulverwaltungsbeamte, Lehrer, Schüler und Schülereltern müssen gewillt sein, ein behindertes Kind in die Regelschule zu integrieren.
- Es muß eine leidlich effektive Kommunikation zwischen dem behinderten Kind und dem Rest der Klasse möglich sein, und zwar auf einem angemessenen Sprachleistungsstand, und dies sowohl auf expressive (Sprechen, Schreiben) als auch rezeptive Weise (Hören, Absehen, Lesen).
- Das behinderte Kind muß fähig sein, ein akzeptables Sozialverhalten zu entwickeln.
- Irgendwelche Notwendigkeiten, die sich aus der Anwesenheit eines behinderten Kindes ergeben können, dürfen keine nachteiligen Auswirkungen auf den Rest der Klasse haben.
- Das behinderte Kind muß gemeinsame Interessen mit und befriedigende persönliche Beziehungen zu einigen Klassenkameraden haben oder entwickeln.
- Es müssen für das behinderte Kind angemessene sonderpädagogische Hilfen verfügbar sein.

5.0 Integrationsfördernde Maßnahmen

Noch bevor ein hörgeschädigtes Kind in eine Regelschulklasse aufgenommen wird, sollte auf jeden Fall dessen künftiger Klassenlehrer über die Möglichkeiten und Grenzen der lautsprachlichen Kommunikation mit einem hörgeschädigten Kind bereits gut informiert sein. Diese Information sollte tunlichst immer von einem erfahrenen und der Beschulung eines solchen Kindes in einer Regelschule aufgeschlossen gegenüberstehenden Gehörlosen- oder Schwerhörigenpädagogen erfolgen. Erfreulicherweise gibt es in manchen Ländern der Bundesrepublik Deutschland, wenn leider auch noch nicht in allen, sowie in vielen Kantonen der Schweiz und in manchen österreichischen Bundesländern bereits sogenannte »Integrationslehrer« (im Behördendeutsch auch als »Lehrer im Mobilen Sonderpädagogischen Dienst« bezeichnet), die für die Erfüllung dieser und anderer Aufgaben für einen hörgeschädigten Regelschüler auf Ersuchen im günstigsten Fall bis zu drei Wochenstunden zur Verfügung stehen.

Dort, wo der »Mobile Sonderpädagogische Dienst« bereits gesetzlich geregelt ist, so z.B. im neuen Erziehungs- und Unterrichtsgesetz des Freistaates Bayern, haben hörgeschädigte Schüler einen Anspruch darauf, an einer Regelschule integriert beschult zu werden und die erforderliche sonderpädagogische Unterstützung zu erhalten. Der dabei entstehende notwendige Sachaufwand ist vom Schulaufwandsträger zu leisten.

Wie die Erfahrung lehrt, ist diese regelmäßige mündliche Information allerdings noch längst nicht überall in optimaler Form gewährleistet. Es genügt nämlich nicht, wie zuweilen noch immer geglaubt wird, nur das hörgeschädigte Kind – und vielleicht auch noch dessen Eltern – auf die für es noch fremde Schulumgebung vorzubereiten. Seine Lehrer und auch seine Mitschüler müssen ebenfalls auf die für sie zunächst noch nicht vertraute schulische Situation eines hörgeschädigten Kindes in ihrer Klassengemeinschaft vorbereitet werden.

Diese Vorbereitung der Lehrer und der Mitschüler läßt sich auf verschiedene Art und Weise gestalten. Als besonders hilfreich hat sich hierbei der Einsatz von Tonkassetten, von Videokassetten und von Dia-Serien erwiesen. Mit ihrer Hilfe kann es zu einer lebendigen Diskussion über die folgenden sowie über andere für eine erfolgreiche Beschulung eines hörgeschädigten Kindes in einer Regelschule wichtige Problemkreise kommen:

- Die lautsprachliche Kommunikation in der Klasse
- Die Orientierung der Mitschüler

- Die Orientierung der Familienangehörigen
- Der Einsatz moderner Hörhilfen
- Die Förderung der Sprache
- Das Lesen
- Das Sprechen
- Die Klassengemeinschaft

Die lautsprachliche Kommunikation in der Klasse

Hierbei geht es u.a. um Fragen wie:

- Wo soll das hörgeschädigte Kind sitzen?
- Wo soll die Lehrkraft sitzen/stehen?
- Was hat sie beim Sprechen zu beachten?
- Wie soll sie neue Begriffe einführen?
- Wie läßt sich eine Unterrichtseinheit gut gegliedert darbieten?
- Was ist bei einem Unterrichtsgespräch zu beachten?
- Wie können Lernkontrollen durchgeführt werden?

Die Orientierung der Mitschüler

Hierbei sind u.a. die folgenden Fragen zu bedenken:

- Was müssen die Mitschüler über Hören und Sehen wissen?
- Welche Hilfen können sie dem hörgeschädigten Kind anbieten, um ihm das Mitkommen im Unterricht zu ermöglichen bzw. zu erleichtern?
- Wie können sie ihm das Eingewöhnen erleichtern?

Die Orientierung der Familienangehörigen

Im Hinblick hierauf ist u.a. an folgende Fragen zu denken:

- Wie kann die Familie integrationsfördernde Maßnahmen durchführen?
- Welche Möglichkeiten der Kontaktnahme zwischen Elternhaus und Schule gibt es?
- Wie können die Eltern der hörenden Mitschüler orientiert werden?

Der Einsatz moderner Hörhilfen

Zu den vielen Fragen, die es in diesem Zusammenhang zu erörtern gilt, zählen u.a. die folgenden:

- Wie kann sich der Klassenlehrer mit der Funktion und der Wartung individueller Hörgeräte vertraut machen?

- Was ist zu tun, wenn eines der Hörgeräte plötzlich nicht mehr richtig funktioniert?
- Wie kann der Klassenlehrer in den didaktisch richtigen Einsatz eines Sendemikrofons eingeführt werden?
- Was sollte er über ein Cochlear Implantat wissen?
- Welche raumakustischen Bedingungen sollen vorliegen, damit das hörgeschädigte Kind von seinen Hörgeräten bzw. von seinem Cochlear Implantat beim Unterricht wirklich Nutzen hat?
- Wie kann das Informationsbedürfnis der Mitschüler im Hinblick auf Hörgeräte und ihren Einsatz befriedigt werden?
- Was sollten sie über Cochlear Implantate wissen?

Die Förderung der Sprache

Zu den vielen Fragen, die diesen Problemkreis betreffen, gehören u.a. die folgenden:

- Welche Hilfen gibt es für die Förderung der rezeptiven und der expressiven Sprache des hörgeschädigten Kindes?
- Warum verdienen Wörter mit mehreren Bedeutungen besondere Beachtung?
- Warum sind Sprichwörter und Redensarten besonders zu beachten?
- Was kann die Ursache für falsche Antworten sein?
- Warum muß das hörgeschädigte Kind vor allem auch Fragesätze gut beherrschen?
- Wie kann es mit dem Gebrauch eines Wörterbuches vertraut gemacht werden?

Das Lesen

Hier sind u.a. die folgenden Fragen besonders wichtig:

- Warum bereiten beim Lesen vor allem die Pronomina so große Schwierigkeiten?
- Wie kann der Lesewortschatz des Kindes ständig erweitert werden?
- Wie können neu gelernte Wörter gefestigt werden?
- Warum soll das hörgeschädigte Kind oft laut lesen?
- Warum hat es Schwierigkeiten mit Zeitbestimmungen?

Das Sprechen

Exemplarisch seien hier die folgenden Fragen genannt:

- Was kann ein Lehrer tun, wenn er das Sprechen eines hörgeschädigten Kindes einmal nicht versteht?

- Wie kann er das Sprechen des Kindes verbessern?
- Wie können Rhythmus und Betonung veranschaulicht werden?
- Warum ist es für das Sprechen des hörgeschädigten Kindes so wichtig, daß es seine Hörgeräte ständig trägt?

Die Klassengemeinschaft

Hierbei geht es vor allem um die folgenden beiden Fragen:

- Was ist die wichtigste Voraussetzung dafür, daß eine Klasse einen hörgeschädigten Mitschüler annimmt?
- Warum ist es so wichtig, daß das hörgeschädigte Kind von der Klassengemeinschaft angenommen wird?

5.1 Grundregeln für eine gute lautsprachliche Kommunikation in der Klasse

Hörgeschädigte Kinder sind fast immer kommunikationsbehinderte Kinder. Sie haben es nicht nur viel schwerer als Kinder mit gutem Hörvermögen, die in ihrer Umwelt gesprochene Sprache – in unserem Fall die deutsche Sprache – verstehen und sprechen zu lernen, sie haben es auch schwerer, sich an einer Kommunikation zu beteiligen. Dies gilt vor allem für Gespräche in einer Gruppe. Je größer die Gruppe ist, desto größer werden auch die Kommunikationsprobleme. Viele dieser Schwierigkeiten lassen sich jedoch, nicht zuletzt mit Hilfe des Einsatzes moderner Sende- und Empfangsgeräte, heute weitgehend beheben. Voraussetzung hierfür ist allerdings, daß den Lehrern, die in einer Klasse, in der sich auch ein hörgeschädigtes Kind befindet, die Wege bekannt sind, auf denen dies möglich ist.

Vielleicht haben Sie als Lehrer und Ihre Schüler sich noch kaum einmal mit Fragen der Kommunikation in der Klasse beschäftigt. Warum auch? Sie sprechen und die Schüler verstehen Sie. Umgekehrt verhält es sich ebenso. Das ist für alle Beteiligten genauso selbstverständlich wie das Beobachten und Hören von Vorgängen in der Umgebung, daß eigentlich gar kein Anlaß besteht, darüber viel nachzudenken. Für viele hörgeschädigte Kinder ist es dagegen nicht ohne weiteres selbstverständlich, daß sie einer Kommunikation unbeschwert folgen und den Inhalt des Vorgetragenen verstehen können. Sie müssen sich ganz darauf konzentrieren, wenn sie mitkommen und den Faden nicht verlieren wollen. Hierfür benötigen sie unsere Hilfe. Wie diese aussehen kann, soll in diesem Kapitel sowie in einigen weiteren Kapiteln kurz angedeutet werden.

- Unterrichten Sie so, daß das hörgeschädigte Kind sowohl Ihr Gesicht als auch das der meisten seiner Mitschüler gut sehen kann.

- Stellen bzw. setzen Sie sich beim Unterrichten jeweils so, daß das natürliche und/oder das künstliche Licht Ihr Gesicht gut beleuchtet.
- Lassen Sie das hörgeschädigte Kind nicht so dicht vor Ihnen sitzen, daß es ständig aufblicken muß, um Ihr Gesicht sehen zu können.
- Sorgen Sie dafür, daß das hörgeschädigte Kind nicht durch Sonnenstrahlen oder anderes grelles Licht geblendet und dadurch bei der Sprachwahrnehmung über kombiniertes Hören und Sehen (Absehen vom Mund) beeinträchtigt wird.
- Schauen Sie immer zur Klasse, wenn Sie sprechen. Unterbrechen Sie Ihren Vortrag, wenn Sie etwas an die Tafel schreiben. Vorteilhaft ist es, wenn Sie einen Tageslichtprojektor benützen können. Dann brauchen Sie zu keiner Zeit der Klasse den Rücken zuzuwenden. Außerdem erzeugt das Schreiben auf Folie keinen Störlärm.
- Ihre Frisur und/oder Ihren Bart in allen Ehren! Haben Sie aber schon bedacht, daß nicht nur hörgeschädigte Kinder, sondern auch manche andere Schüler zuweilen große Schwierigkeiten haben, Sie zu verstehen, wenn Ihr Gesicht oder Ihre Lippen bedeckt sind? Bedenken Sie immer: wer schlecht hört, ist auf Hörgeräte angewiesen. Wo auch diese nicht mehr ausreichen, muß das Absehen der Sprache von Mund, Wangen, Augen, Stirn, Hals und Kehlkopf zu Hilfe genommen werden. Das aber geht nur, wenn diese Körperteile auch sichtbar sind!
- Sprechen Sie ohne übertriebene Mundbewegungen. Übertriebene Mundbewegungen können Ihrem Sprechen den natürlichen Rhythmus nehmen und es schwerer verständlich machen. Darum sollten sie überartikuliertes Sprechen meiden.
- Sprechen Sie auch nicht zu langsam. Bei langsamem Sprechen muß das Kind zuweilen jedes einzelne Wort speichern, um den Sinn des Gesprochenen erfassen zu können. Das aber ist nicht selten eine Überforderung seiner Merkfähigkeit.
- Wenn Sie der Klasse einen neuen Begriff erklären, bedarf das hörgeschädigte Kind ihrer besonderen Aufmerksamkeit. Je gründlicher Sie hierbei vorgehen, desto solider wird das Fundament, auf dem Sie Ihren weiteren Unterricht aufbauen können.
- Stellen Sie für das hörgeschädigte Kind (und für seine Eltern) eine Liste der neu eingeführten Begriffe zusammen. Geben Sie für jeden Begriff eine leicht verständliche Definition sowie ein Anwendungsbeispiel in einem einfachen Satz.
- Ermuntern Sie das hörgeschädigte Kind, sich immer sofort zu melden, wenn es etwas nicht verstanden hat. Wiederholen Sie gegebenenfalls Ihre

Aussage oder die eines Mitschülers in einem im Wortlaut leicht veränderten kurzen Satz.

- Nicht nur für das hörgeschädigte Kind ist es hilfreich, wenn Sie für eine Unterrichtseinheit eine schriftliche Gliederungsübersicht anbieten, auf der die wichtigsten Inhalte verzeichnet sind. Auf diese Weise wird das hörgeschädigte Kind über den voraussichtlichen Unterrichtsablauf vorinformiert. Es werden ihm so aber auch Hilfen angeboten, sich den behandelten Unterrichtsstoff besser einprägen zu können.
- Signalisieren Sie der Klasse, wenn ein Abschnitt Ihrer Gliederungsübersicht abgeschlossen ist, bevor Sie mit dem nächsten beginnen.
- Bevor Sie eine neue Unterrichtseinheit behandeln, sollten Sie die wichtigsten Punkte der vorausgegangenen Unterrichtseinheit noch einmal zusammenfassen.
- Vermeiden Sie bei Ihrem Sprechen einzelne Wörter oder unvollständige Sätze. Das gilt besonders für homophone Wörter, d.h. für solche Wörter, die ähnlich klingen bzw. ein fast identisches Mundbild aufweisen. Solche Wörter sind, isoliert dargeboten, schwer zu verstehen. Darum kann eine solche Sprechweise für ein hörgeschädigtes Kind (aber auch für manche andere Kinder) verwirrend sein. Gebrauchen Sie darum vor allem homophone Wörter immer nur im Satzzusammenhang. Dann wird übrigens nicht nur das hörgeschädigte Kind viel leichter verstehen, wovon die Rede ist.
- Ermuntern Sie durch Ihr Beispiel auch die Schüler der Klasse, möglichst immer in vollständigen Sätzen zu sprechen, wenn diese etwas vortragen oder eine Antwort geben. Achten Sie darauf, daß der jeweils sprechende Schüler möglichst so steht, daß ihn das hörgeschädigte Kind auch wirklich gut sehen kann.
- Vergessen Sie bei Ihrem Unterricht nicht den Einsatz visueller Hilfen: Folien, Dias, Bilder, usw.
- Fassen Sie am Ende eines längeren Unterrichtsgespräches dessen wichtigste Punkte noch einmal zusammen. Manche Kinder, nicht nur solche mit Hörschäden, haben Schwierigkeiten, einem Gesprächsablauf zu folgen. Das gilt besonders für Diskussionen, in deren Verlauf von einem Punkt zum anderen gesprungen wurde. Sorgen Sie darum für Gesprächsdisziplin, wenn über ein bestimmtes Thema gesprochen wird. Anderenfalls wird nicht nur das hörgeschädigte Kind verwirrt sein.
- Wenn ein behandelter Unterrichtsstoff abgefragt bzw. geprüft werden soll, dann hat das hörgeschädigte Kind eine bessere Chance, unter gleichen Bedingungen wie seine Mitschüler mitarbeiten zu können, wenn die jeweilige Frage schriftlich gestellt wird. Wenn Sie sich hierfür eines Tageslichtprojektors bedienen und wenn jeweils nur eine der vorher auf die Folie

geschriebenen Fragen aufgedeckt wird, bleiben die wesentlichen Elemente einer mündlichen Wiederholung erhalten.

- Bei der Vorführung eines Unterrichtsfilmes in einem abgedunkelten Unterrichtsraum wird mancher hörgeschädigte Schüler, der auf das zusätzliche Absehen angewiesen ist, Schwierigkeiten haben. Er kann dann z.B. einen gesprochenen Kommentar nur unzureichend verstehen. Darum sollte ein hörgeschädigter Schüler nach Möglichkeit vor der Vorführung eines Filmes schriftliche Informationen über seinen Inhalt ausgehändigt bekommen.
- Informieren Sie sich von Zeit zu Zeit bei dem als Integrationslehrer eingesetzten Hörgeschädigtenpädagogen des Mobilen Sonderpädagogischen Dienstes, der den Regelschulbesuch Ihres hörgeschädigten Schülers sonderpädagogisch begleitet, über bestehende Möglichkeiten zur Hörerziehung.
- Jeder hörgeschädigte Schüler ist im Regelfall mit zwei individuellen Hörgeräten bzw. mit einem Cochlear Implantat ausgestattet. Diese Geräte sollten tunlichst immer getragen werden. Viele hörgeschädigte Regelschüler benützen zusätzlich noch ein Empfangsgerät und ihr Lehrer trägt ein winzig kleines Sendemikrofon. Auf diese eigens für hörgeschädigte Regelschüler entwickelten neuen technischen Hilfen und ihren didaktisch angemessenen Einsatz wird in einem späteren Kapitel näher eingegangen.
- Sprechen Sie mit dem Sie regelmäßig aufsuchenden Integrationslehrer über alle Fragen, die Sie im Hinblick auf die Erziehung und Bildung Ihres hörgeschädigten Schülers beschäftigen, so z.B. auch über Klassenaktivitäten, bei denen es ganz besonders auf das Hören ankommt. Vielleicht kann der Integrationslehrer ganz besondere Übungen in seinen individuellen Förderunterricht für das hörgeschädigte Kind einbauen, die diesem helfen, auch unter schwierigeren Bedingungen Sprache noch überwiegend auditiv wahrnehmen zu können.
- Ein Kind, das bei der Sprachwahrnehmung auf intensives Hinhören und auf zusätzliches Absehen angewiesen ist, ermüdet leichter als andere Kinder und benötigt darum immer wieder einmal eine kurze Pause. Planen Sie deshalb in Ihren Unterrichtsablauf immer wieder einmal kleine Pause ein, in denen Sie die Schüler z.B. schriftlich beschäftigen.

5.2 Die Orientierung der Mitschüler

Für das emotionale und soziale Wohlbefinden eines hörgeschädigten Kindes in einer Regelschulklasse ist es ganz wichtig, daß sich dieses Kind sowohl von seinen Klassenkameraden als auch von seinem Klassenlehrer (und selbstverständlich auch von anderen in der Klasse unterrichtenden Lehrkräften) angenommen weiß. Es muß wissen, daß es dazu gehört. Da die meisten Schüler dazu neigen, Ihre Haltung - d.h. die ihres Lehrers - zum hörgeschädigten Kind zu übernehmen, kommt Ihrer Vorbildfunktion hierbei eine hohe Bedeutung zu. Ihr Gesichtsausdruck und der Tonfall Ihrer Stimme sind für die Schüler Ihrer Klasse noch mehr als der Inhalt Ihrer Worte ganz deutliche Hinweise darauf, was Sie für den hörgeschädigten Mitschüler empfinden.

Die folgenden Empfehlungen beziehen sich vor allem auf zwei Bereiche. Sie geben Hinweise darauf, wie Sie den Schülern Ihrer Klasse die Unterschiede in der Fähigkeit zu hören, nur teilweise zu hören oder überhaupt nicht hören zu können, verdeutlichen können. Ferner zeigen Sie Wege auf, die den Schülern Ihrer Klasse helfen können, ihren hörgeschädigten Mitschüler in die verschiedenen schulischen und außerschulischen Aktivitäten einzubeziehen.

- Nehmen Sie das hörgeschädigte Kind als vollwertig in Ihre Klasse auf und lassen Sie alle Schüler der Klasse sehen und fühlen, daß Sie den Schüler mit den Hörgeräten bzw. mit dem Cochlear Implantat in gleicher Weise akzeptieren wie jedes andere Kind der Klasse.
- Behandeln Sie alle Ihre Schüler konsequent und fair, auch das hörgeschädigte Kind.
- Orientieren Sie Ihre Schüler darüber, was ein teilweiser oder sogar ein nahezu vollständiger Hörverlust bedeutet. Erklären Sie ihnen, wie wir hören und wie wir sprechen gelernt haben. Diese Information muß natürlich dem Alter der Schüler angemessen sein. Fragen Sie den Integrationslehrer, ob er Ihnen hierfür geeignetes Anschauungsmaterial zur Verfügung stellen kann, z.B. Filme, Dia-Serien, Hörgeräte, usw. Bei älteren Schülern empfiehlt sich die Heranziehung geeigneter Texte aus den Lehrbüchern für den Biologie- und Physikunterricht.
- Eine einfache, aber dennoch überzeugende Demonstration der Schwierigkeit der Sprachwahrnehmung unter ungünstigen akustischen Bedingungen ist die folgende: man spielt eine Kassette mit einer Aufnahme eines Musikstückes oder von Umweltgeräuschen vor und liest gleichzeitig einen Text aus einem Buch vor. Denn verdeckt man seinen Mund, indem man z.B. ein Blatt Papier davor hält, und liest einfach weiter. Sehr wahrscheinlich werden schon sehr bald einige Schüler signalisieren, daß sie kaum noch etwas verstehen können. Diese Demonstration zeigt den Schülern, wie stark auch wir unter bestimmten Wahrnehmungsbedingungen auf das ergänzende Absehen vom Mund angewiesen sind.
- Gehen Sie auf alle Fragen ein, die ein Schüler im Hinblick auf Hörstörungen vorbringen mag.

- Bieten Sie Ihren Schülern Gelegenheiten an, dem hörgeschädigten Mitschüler bei der Eingewöhnung in die Klassen- und Schulgemeinschaft zu helfen. Verteilen Sie entsprechende Dienste an jeweils mehrere Mitschüler:

  einer führt den hörgeschädigten Mitschüler in den Schulbetrieb ein; er zeigt ihm, wo und wie man Bücher ausleiht, wo man seine Frühstücksmilch kaufen kann, usw.;

  ein anderer erklärt ihm die Schulordnung;

  wieder ein anderer informiert über die Mitteilungen, die über das schulinterne Lautsprechersystem verkündet werden;

  ein weiterer Schüler vergewissert sich, ob der hörgeschädigte Mitschüler auch wirklich weiß, welche Hausaufgaben aufgegeben worden sind.
- Sorgen Sie dafür, daß nicht nur Ihre Kollegen, sondern auch die Schülermitverwaltung alle geplanten Veranstaltungen deutlich sichtbar schriftlich ankündigen.
- Bei Schulversammlungen sollte der jeweilige Sprecher tunlichst ein Sendemikrofon benützen. Falls eine solche Sende- und Empfangsanlage (siehe Kapitel 5.10) nicht vorhanden ist, sollte der hörgeschädigte Schüler und ein ihm befreundeter Mitschüler möglichst vorn sitzen, damit er den jeweiligen Sprecher hören und sehen kann (Absehen ist nur aus einer Entfernung von etwa 3 m optimal möglich). Tragen Sie auch dafür Sorge, daß dann die Bühne gut beleuchtet ist. Machen Sie alle Sprecher darauf aufmerksam, so in das Mikrofon zu sprechen, daß dabei ihr Mund nach Möglichkeit nicht verdeckt ist. Aufgabe des neben dem hörgeschädigten Schüler sitzenden Mitschülers ist es, diesem auf Wunsch nicht verstandene Informationen aus kurzer Entfernung von den Mikrofonen seiner Hörgeräte noch einmal zu wiederholen.
- In den oberen Klassen sollte ein Schüler damit beauftragt werden, von seinen Unterrichtsaufzeichnungen auf dem Kopiergerät der Schule jeweils eine Kopie für den hörgeschädigten Mitschüler anzufertigen. Bedenken Sie, daß es vor allem für hochgradig schwerhörige und für resthörige Kinder nicht möglich ist, gleichzeitig zu schreiben und Ihnen auf den Mund zu sehen. Dies muß übrigens auch bedacht werden, wenn Sie der Klasse etwas zur Niederschrift diktieren.
- Nicht nur für den Schüler, der Aufzeichnungen für sich und seinen hörgeschädigten Mitschüler anfertigt, ist es hilfreich, wenn Sie immer wieder einmal kurze Hinweise darauf geben, was besonders wichtig und darum auch aufzuzeichnen ist. Hierfür werden Ihnen auch alle anderen Schüler dankbar sein.

- Daß mit der Anfertigung einer Kopie der Unterrichtsaufzeichnungen für den hörgeschädigten Mitschüler nur solche Schüler beauftragt werden dürfen, die nicht nur in dem jeweiligen Unterrichtsfach gute Leistungen erbringen, sondern auch leserlich und übersichtlich schreiben können, bedarf keiner näheren Begründung.
- Ermuntern Sie den hörgeschädigten Schüler, sich gemeinsam mit anderen Schülern an Schulaktivitäten zu beteiligen, die für ihn von Interesse sind. Haben Sie aber auch Verständnis dafür, wenn er dazu in geringerem Maße bereit sein sollte, als Sie dies bei anderen Schülern beobachten können. Denken Sie daran, daß ein hörgeschädigter Schüler im allgemeinen mehr Zeit für die Nachbereitung bereits durchgenommener und für die Vorbereitung auf bevorstehende neue Unterrrichtsinhalte benötigt als viele seiner Mitschüler.
- Für die außerschulischen Aktivitäten der Schüler untereinander spielt heute das Telefon eine große Rolle. Die meisten Verabredungen hierfür werden heute telefonisch getroffen. Manche hörgeschädigten Kinder haben verständlicherweise bei der fernmündlichen Kommunikation, bei der sie ihren Gesprächspartner nicht sehen können, erhebliche Schwierigkeiten. Sie benötigen darum eine gründliche Schulung, um auch an dieser Art von Kommunikation teilnehmen zu können. Bitten Sie den Integrationslehrer um eine entsprechende Förderung des Schülers. Einem Kind mit einer an Taubheit grenzenden Schwerhörigkeit sind allerdings manchmal Grenzen gesetzt, die nicht immer überwunden werden können. Das müssen seine Mitschüler wissen. Ermuntern Sie diese darum, Verabredungen zu gemeinsamen Freizeitaktivitäten mit dem hörgeschädigten Mitschüler schon in der Schule zu treffen.
- Es kann vorkommen, daß ein hörgeschädigter Schüler in einer für ihn unbekannten Situation nicht weiß, wie er sich verhalten soll. Auch das müssen seine Mitschüler wissen. Legen Sie ihnen nahe, ihn verständnisvoll in die für ihn neue Situation einzuführen, sofern Sie dies nicht ohnehin selbst für alle Schüler tun.
- Ein wichtiges Ziel der schulischen Integration eines hörgeschädigten Kindes ist seine Unabhängigkeit. Darum aber darf das Helfen auch nicht überstrapaziert werden. Eine nicht mehr benötigte, aber dennoch gewährte Abhängigkeit von helfenden Mitschülern kann den Fortschritt auch hemmen.

5.3 Die Orientierung der Familie

Ob ein hörgeschädigtes Kind erfolgreich in eine Regelschulklasse integriert werden kann, hängt in erster Linie von der Hilfe ab, die es von seinen Eltern,

Geschwistern und anderen Familienangehörigen während der Vorschulzeit erhalten hat und auch noch während seiner gesamten Schulzeit weiterhin erhält. Ein hörgeschädigtes Kind, das von seinen Eltern vorbehaltlos angenommen worden ist, eine wirklich gute sprachliche und geistige Förderung erfahren hat und voll in das Familienleben einbezogen worden ist, und dessen Eltern seine Entwicklung jederzeit stimulierend begleitet haben, wird es leichter haben, sich in einer Regelschulklasse gut zu behaupten, als ein anderes hörgeschädigtes Kind, dem diese Hilfen nicht in gleicher Weise angeboten worden sind.

Mit anderen Worten: wenn Eltern ihr hörgeschädigtes Kind eine Regelschule besuchen lassen wollen, dann müssen sie mit den hierfür notwendigen Vorbereitungen bereits sehr früh beginnen. Sie dürfen damit nicht zuwarten, bis das Kind das schulpflichtige Alter erreicht.

Gute Familienbeziehungen auf der Grundlage lautsprachlicher Kommunikation sind das Übungsfeld für die angestrebte Beschulung gemeinsam mit hörenden Kindern sowie für den dieser Beschulung vorausgegangenen Besuch eines Regelkindergartens, denn nur das hörgeschädigte Kind besitzt die Fähigkeit zur lautsprachlichen Interaktion mit Mitschülern, das bereits immer an einer solchen Interaktion im Familienverband teilgenommen hat.

Die Integration in die Familiengemeinschaft ist darum eine unerläßliche Voraussetzung für die Integration in weitere Nahbereiche wie den Kindergarten, die Schule, die Wohngemeinde, die Kirchgemeinde, usw. Nur wenn jedes Mitglied einer Familie ein hörgeschädigtes Kind als vollwertigen Angehörigen der Familiengemeinschaft angenommen hat und dies von der Umwelt auch so erlebt wird, darf erwartet werden, daß dieses Beispiel von der Schulgemeinschaft übernommen wird. Nur als vollwertig angenommener Angehöriger einer Familie hat das Kind die Möglichkeit, die Freuden und die Gefühle zu teilen, die für ein Familienleben typisch sind, und innerhalb der Familie selbst Verantwortung zu übernehmen. Das aber sind wichtige Grundvoraussetzungen für die Entwicklung eines guten Selbstbildes. So gesehen entwikkeln sich die Bereitschaft zur Integration durch die Einstellung und das Verhalten innerhalb der Familie.

Während die in den beiden vorausgegangenen Kapiteln behandelten Grundregeln für die lautsprachliche Kommunikation in der Klasse und für die Orientierung der Mitschüler vor allem von dem Klassenlehrer und von den anderen Lehrern eines hörgeschädigten Regelschülers beachtet werden sollen, richten sich die folgenden Grundregeln an die Eltern und eventuell auch noch an andere Mitglieder der Familie eines hörgeschädigten Kindes:

- Bemühen Sie sich frühzeitig, d.h. schon lange vor Erreichen des schulpflichtigen Alters Ihres Kindes, um umfassende Informationen über die Beschulung hörgeschädigter Kinder in Sonderschulen und in Regelschulen.
- Suchen Sie auch dann, wenn Sie für Ihr hörgeschädigtes Kind einen Besuch der Regelschule anstreben, die in Ihrer Region für die besondere Beschulung gehörloser und schwerhöriger Kinder vorhandenen staatlichen, kommunalen oder privaten Sonderschulen auf. Bitten Sie die Leiter dieser Schulen darum, dem Unterricht in verschiedenen Klassen beiwohnen zu dürfen. Angesichts der stark rückläufigen Schülerzahlen in den Sonderschulen für gehörlose und für schwerhörige Kinder wird Ihnen jeder Schulleiter diese Bitte gern erfüllen. Achten Sie dabei ganz besonders auf den in den von Ihnen besuchten Klassen erreichten Sprachentwicklungsstand der Schüler. Achten Sie aber auch darauf, wie der Lehrer unterrichtet. Benützt er normale Sprache, spricht er in normalem Sprechtempo oder bedient er sich einer aphoristischen Sprache, spricht langsam und überartikuliert und setzt er vielleicht sogar lautsprachbegleitendes Gebärden ein, um verstanden zu werden?
- Versuchen Sie aber auch mit Eltern, deren hörgeschädigtes Kind bereits eine Regelschule besucht, Kontakt aufzunehmen. Vielleicht können Sie über diese Eltern sogar Kontakt mit dem Klassenlehrer eines hörgeschädigten Regelschülers aufnehmen. Erkundigen Sie sich bei diesen Eltern eingehend nach den Erfahrungen, die sie mit der Beschulung Ihres Kindes in einer Regelschule gemacht haben und noch immer machen.
- Sollten Sie aufgrund Ihrer dabei gewonnenen Erkenntnisse zu der Überzeugung gekommen sein, daß es einen Versuch wert ist, Ihr hörgeschädigtes Kind trotz seiner Behinderung wenigstens für die Zeit der Grundschuljahre in einer Regelschule unterrichten zu lassen, dann dürfen Sie hinfort nichts unversucht lassen, Ihr Kind schrittweise hierauf vorzubereiten. Sie können dies z.B. tun,

  indem Sie es täglich für einige Stunden in einen Regelkindergarten schicken;

  indem Sie es an allen Aktivitäten und Erfahrungen der Familie teilnehmen lassen;

  indem Sie von ihm stets das gleiche Verhalten erwarten wie von ihren anderen Kindern;

  indem Sie mit ihm Wanderungen und Ausflüge in die nähere Umgebung unternehmen, die es auf entsprechende Schulerfahrungen gemeinsam mit hörenden Kindern vorbereiten helfen;

  indem Sie ihm auf angemessene Weise helfen, möglichst schon vor Erreichen des schulpflichtigen Alters das Lesen zu erlernen.

- Fördern Sie bei Ihrem Kind Selbstvertrauen, Zuversicht und Verantwortungsgefühl. Dazu gehört auch, daß Sie Ihr Kind nicht überbehüten, zurückweisen oder ihm unangemessene Freiheiten gewähren.
- Nehmen Sie regelmäßig an allen Veranstaltungen der Schule teil, sobald Ihr Kind Schüler geworden ist. Beteiligen Sie sich an den Aussprachen über die Erziehungsziele der Schule. Unterstützen Sie die Schule bei der Verfolgung dieser Ziele, indem Sie einen engen Kontakt mit dem Klassenlehrer Ihres Kindes halten. Auf diese Weise können Sie Ihrem hörgeschädigten Kind zu Hause manche Hilfe und Ermunterung im Hinblick auf das von ihm erwartete Verhalten im Klassenverband bieten.
- Bestehen Sie bei Ihren Gesprächen mit den Lehrkräften Ihres Kindes darauf, daß Sie über alle Unterrichtsinhalte, die in der Schule behandelt werden, regelmäßig informiert werden. Wenn Sie nämlich diese Information besitzen, können Sie Ihrem Kind zu Hause viel gezielter helfen und ergänzende Informationen anbieten.
- Interessieren Sie sich jederzeit für die Hausaufgaben Ihres hörgeschädigten Kindes. Auf diese Weise können Sie sich am besten über die schulischen Fortschritte Ihres Kindes informieren und, falls erforderlich, sofort die notwendige Hilfe anbieten.
- Geben Sie dem Klassenlehrer Bescheid, wenn etwa eine Logopädin oder ein Hörgeschädigtenpädagoge Ihrem Kind Sprechtherapie oder Abseh- und Hörschulung erteilt. Sorgen Sie dafür, daß es zwischen dem Klassenlehrer Ihres Kindes und der Therapeutin bzw. dem Integrationslehrer Ihres Kindes zu einem regelmäßigen Erfahrungsaustausch kommt. Nur so können die Bemühungen der verschiedenen pädagogischen Kräfte, die mit Ihrem Kind arbeiten, koordiniert werden. Hierbei darf es nicht zu einem Nebeneinander, es muß zu einem Miteinander kommen.
- Bestehen Sie darauf, daß Ihr Kind seine Hörgeräte ständig trägt. Das ist für die Entwicklung seiner Hör- und Sprechfertigkeit von ausschlaggebender Bedeutung.
- Solange Ihr Kind die Grundschule besucht, sollten Sie sich noch täglich davon überzeugen, ob seine Hörgeräte auch wirklich ordnungsgemäß funktionieren. Später sollte das Kind allerdings selbst dazu in der Lage sein.
- Vergessen Sie nicht, daß Kinder im Wachstumsalter in der Regel etwa im Abstand von jeweils einem Jahr neue Ohrpaßstücke benötigen, weil die alten zu klein geworden sind und darum nicht mehr dicht abschließen.
- Versorgen Sie in den Grundschuljahren den Klassenlehrer Ihres Kindes mit einigen Ersatzbatterien, so daß die Hörgeräte auch in der Schule, falls einmal notwendig, jederzeit mit neuen Batterien bestückt werden können.

- Lassen Sie sich für Ihr Kind nach Möglichkeit zusätzlich zu den von ihm getragenen zwei individiuellen Hörgeräten bereits in der Vorschulzeit auch noch ein Sende- und Empfangsgerät verordnen. Warten Sie damit nicht zu, bis das Kind in die Schule kommt. Nicht wenige hörgeschädigte Kinder können nur mit Hilfe derartiger Zusatzgeräte erfolgreich am Spielgeschehen eines Regelkindergartens sowie am Unterricht einer Regelschulklasse teilnehmen.
- Engagieren Sie sich in der Schule, indem Sie z.B. an Klassenausflügen teilnehmen, bei der Organisation von Schulfeiern helfen oder in der Elternvertretung mitarbeiten.
- Bitten Sie die Schulleitung, allen daran interessierten Eltern wenigstens einmal jährlich die Möglichkeit einzuräumen, am Klassenunterricht teilzunehmen. Auf diese Weise können Sie die Arbeit der Schule am besten kennenlernen.
- Ergreifen Sie die Initiative zu regelmäßigen Eltern-Lehrer-Konferenzen, falls solche nicht ohnehin zweimal jährlich stattfinden.
- Bemühen Sie sich stets um eine positive Beziehung zur Schule Ihres Kindes.

5.4 Die Führung der Klasse

Hörgeschädigte Kinder haben wie alle anderen Kinder ein Recht darauf, an den Freuden des Lebens teilhaben zu dürfen. Ihre Bedürfnisse und Wünsche entwickeln sich in ähnlicher Weise wie die anderer Kinder. Und wie von anderen Kindern dürfen und müssen wir auch von hörgeschädigten Kindern normale Verhaltensweisen erwarten. Ein Hörverlust bedingt nämlich keineswegs abnormes Verhalten, wie z.B. der von Geburt an gehörlose australische Universitätsdozent Dr. Pierre Gorman und der Wiener Gehörlosenpädagoge Alfred Willer festgestellt haben. So ist Willer, der seine gehörlosen Schüler, die er mehrere Jahre in einer Regelschule unterrichtet hatte, mit gehörlosen Sonderschülern verglichen hat, zu folgender Feststellung gekommen:

> »Diese Kinder unterscheiden sich in ihrem Erscheinungsbild und Auftreten, durch ihr Verhalten und den Gesamteindruck, den sie machen, stark von den anderen. In all diesen Punkten gleichen sie den Normalhörenden weit mehr als ihren Schicksalsgenossen. ... Wir haben es mit einem unverkrampften, freien, aufgelockerten, kontaktfreudigen und kontaktfähigen Schülertyp zu tun.«

Mehrere Forschungsarbeiten haben diese Beobachtungen bestätigt. Aus ihnen darf abgeleitet werden, daß es für die Entwicklung eines hörgeschädigten Kindes überaus wichtig sein kann, möglichst normale Umweltbedingungen, insbesondere aber normale Verhaltensmuster vorzufinden.

Hörgeschädigte Kinder sehen sich - wie auch andere Kinder - im täglichen Leben immer wieder einmal mit schwierigen Situationen konfrontiert, denen sie sich nicht ohne weiteres gewachsen fühlen und die darum bei ihnen Angstgefühle hervorrufen können. Diese Angstgefühle können durch verschiedene Faktoren bedingt sein, z.B. durch Kommunikationsprobleme, durch die Unfähigkeit, Gefühle ausdrücken zu können, oder durch vermeintliche oder tatsächliche Überforderung.

Ein Überhandnehmen derartiger Angstgefühle kann beim hörgeschädigten Kind - wie auch bei anderen Kindern - kompensatorische Verhaltensweisen auslösen. Es wird z.B. aggressiv oder es zieht sich zurück, um nur zwei ganz typische Reaktionsweisen zu nennen. Dem Entstehen derartiger Verhaltensweisen kann man vorbeugen bzw. vorzubeugen versuchen, indem man unnötige Frustrationen vermindert und dem Kind Hilfen anbietet, mit seinen Gefühlen fertig zu werden.

Aber auch Langeweile, Unterforderung und ein unzureichendes Selbstwertgefühl können unerwünschtes Verhalten verursachen. Eine wichtige Aufgabe eines jeden Lehrers - aber auch der Eltern - eines hörgeschädigten Kindes ist es, die Ursachen für unerwünschtes kompensatorisches Verhalten zu ergründen, denn nur dann, wenn man die Ursachen kennt, wird man Lösungen finden können, ihnen zu begegnen. Die folgenden Empfehlungen sollen einige Wege andeuten, auf denen sich erwünschtes Verhalten und eine positive Einstellung bei den Schülern der Klasse herbeiführen läßt.

- Bemühen Sie sich als Klassenlehrer stets darum, das hörgeschädigte Kind ebenso zu behandeln wie jeden anderen Schüler auch. Sorgen Sie aber auch dafür, daß Ihre Schüler normale Verhaltensmuster kennenlernen.
- Lassen Sie den hörgeschädigten Mitschüler an möglichst allen Aktivitäten der Klasse teilnehmen. Sie leisten damit einen wichtigen Beitrag nicht nur zu seiner Sozialentwicklung, sondern auch zu seiner Sprachentwicklung.
- Lassen Sie sich von der Logopädin, die das hörgeschädigte Kind behandelt, und von dem Integrationslehrer, der sich um seine sonderpädagische Förderung bemüht, Anregungen geben, wie Sie diesem Schüler bei der Entwicklung seiner weiteren Kommunikationsfertigkeit helfen können.
- Übertragen Sie Ihren Schülern für ganz bestimmte Aufgaben Verantwortung. Sie werden dadurch nicht nur deren Motivation und Interesse steigern, sondern auch Langeweile, Mangel an Herausforderung und dem Aufkommen von Minderwertigkeitsgefühlen entgegenwirken. Bei der Übertragung ganz bestimmter Aufgaben sollen Sie das hörgeschädigte Kind keinesfalls übergehen.

- Verstärken Sie wünschenswertes Verhalten durch Lob und Freundlichkeit. Versuchen Sie dagegen, unangemessenes Verhalten so wenig wie möglich zu beachten.
- Vermeiden Sie fortwährende negative Aufforderungen wie »Sei ruhig!«, »Hör auf!«, »Setz dich!«, usw.
- Überlegen Sie, wie Sie bei Ihrem hörgeschädigten Schüler ein eventuell vorhandenes unerwünschtes Verhalten (etwa eine rein passive Teilnahme am Unterricht oder eine übermäßig starke Ichbezogenheit) schrittweise abbauen und in normalere Verhaltensweisen überführen können.
- Ebenso wie Zwillinge sollten zwei hörgeschädigte Kinder in einer Klasse möglichst getrennt voneinander sitzen, um die Selbständigkeit dieser Kinder zu fördern und ihre Interaktion mit anderen Klassenkameraden zu steigern.
- Erklären Sie dem hörgeschädigten Schüler, welches Verhalten Sie von der Klasse und damit aber auch von ihm erwarten.
- Machen Sie alle Schüler der Klasse auf die Konsequenzen aufmerksam, die sich aus ihrem Verhalten ergeben können, und zwar sowohl auf positive als auch auf negative Konsequenzen.
- Seien Sie darauf vorbereitet, daß sich unerwünschtes Verhalten nur allmählich ändert und daß es auf diesem Wege immer wieder einmal Rückfälle geben kann.
- Machen Sie der Klasse klar, warum der hörgeschädigte Mitschüler gegebenenfalls einen ganz bestimmten Sitzplatz benötigt und warum ihm Lehrer und Mitschüler beim Sprechen jeweils ihr Gesicht zuwenden sollen.
- Dulden Sie niemals, daß mehrere Schüler gleichzeitig sprechen, denn dann kann der hörgeschädigte Schüler überhaupt nichts verstehen.
- Dulden Sie auch nicht, daß die Schwerhörigkeit eines Schülers Anlaß zu Spott wird.

5.5 Hilfen zur Erlangung einer besseren Aussprache

Kinder lernen normalerweise dadurch sprechen, daß sie das Sprechen anderer, das sie über ihr Gehör wahrgenommen haben, nachahmen und wiederholen. Dabei hören sie ihre eigene Stimme und vergleichen sie mit dem gehörten Vorbild. Dieser Rückkopplungsvorgang ist für das Erlernen und für die Erhaltung eines guten Sprechens unerläßlich.

Auch hörgeschädigte Kinder sind auf diese Rückkopplung angewiesen. Viele von ihnen können bei guter Hörgeräteversorgung ihr eigenes Sprechen wahrnehmen und lernen, es zu korrigieren. Je nach Hörverlust sind dem jedoch gewisse Grenzen gesetzt. So haben z.B. viele hörgeschädigte Kinder besonders starke Höreinbußen im Bereich der hohen Frequenzen. Als Folge davon können sie - auch bei guter apparativer Versorgung - manche stimmlose Konsonanten, die im hohen Frequenzbereich erzeugt werden - z.B. den »s« Laut - nicht mehr wahrnehmen.

Bei Vorliegen eines derartigen Hörverlustes wird ein hörgeschädigtes Kind ganz bestimmte Laute nicht mehr wahrnehmen können. Es kann sie dann aber auch nicht spontan nachahmen, sondern muß dies ganz bewußt lernen.

Aus dem Gesagten ergibt sich, daß z.B. ein Kind mit einem sehr starken Hörverlust im Bereich der hohen Frequenzen den hochfrequenten »f«-Laut in dem Wort »Hof« und den hochfrequenten »sch«-Laut in dem Wort »Tisch« nicht wahrnehmen kann. Wenn es diese Wörter spontan nachahmt, dann klingen sie sehr wahrscheinlich eher wie »Ho-« und wie »Ti-«.

Für andere hörgeschädigte Kinder, die auch im Bereich der hohen Frequenzen noch ein rudimentäres Hörvermögen haben, klingen ganz verschiedene hochfrequente Laute wie z.B. »s« und »sch« ganz ähnlich. Wenn ein solches Kind Sätze wie »Wo ist meine Tasche?« und »Wo ist meine Tasse?« nachahmt, dann können diese fast gleich klingen.

Auch stimmhafte und stimmlose Laute sind für manche hörgeschädigte Kinder nur schwer zu unterscheiden, weil sie nicht nur ganz ähnlich klingen, sondern auch beim Absehen vom Mund gleich aussehen. Sprechen Sie einmal die Wörter »Mund« und »bunt« vor einem Spiegel und beobachten Sie dabei Ihre Mundbewegungen. Sie werden feststellen, daß jedes der beiden Wörter in gleicher Weise geformt wird. Da das hochgradig hörgeschädigte Kind den Unterschied weder durch Hören noch durch Sehen ausmachen kann, muß es die jeweilige Wortbedeutung aus dem Satzzusammenhang erschließen: »Halte deinen Mund!« oder »Dieser Strauß ist wirklich bunt.«

Schließlich gibt es noch Laute, die - wie z.B. das »g« und das »k« - für ein hörgeschädigtes Kind deshalb schwer zu identifizieren sind, weil sie hinten in der Mundhöhle erzeugt werden und darum nicht abgesehen werden können. Darum können Wörter wie z.B. »Gunst« und »Kunst« nur im Satzzusammenhang unterschieden werden.

Da die Bildung der Vokale u.a. auch davon abhängig ist, zwischen welchen Konsonanten sie in einem Wort gesprochen werden, kommt es zuweilen vor, daß zwei grundverschiedene Vokale wie »e« und »i« nur schwer zu unterscheiden sind. Sie klingen ganz ähnlich und sehen auch fast gleich aus. Das trifft z.B. für Wörter wie »Stern« und »Stirn« zu.

Trotz der angedeuteten Schwierigkeiten können die meisten hörgeschädigten Kinder, wenn sie eine gute Frühförderung erhalten haben, die durch eine gute Sprecherziehung, von einer wirklichen Fachkraft erteilt, ergänzt worden ist, verständlich sprechen lernen. Die Aussprache mancher dieser Kinder wird allerdings trotz intensiver Frühförderungsmaßnahmen bei Erreichen des schulpflichtigen Alters noch nicht ganz frei von Sprechfehlern sein und darum zuweilen noch über einige Jahre hinweg einer logopädischen Behandlung bedürfen, sei es durch eine Logopädin oder sei es durch eine Lehrkraft für hörgeschädigte oder für sprachbehinderte Kinder. Bei der Behandlung wird sich ein Erfolg um so eher einstellen, je enger die Zusammenarbeit zwischen dem Therapeuten auf der einen und dem Klassenlehrer und den Eltern des hörgeschädigten Kindes auf der anderen Seite ist. Die nachstehend gegebenen Empfehlungen richten sich teils an die Lehrer, teils an die Eltern; manche haben aber auch sowohl für die Eltern als auch für die Lehrer des hörgeschädigten Kindes Gültigkeit.

- Helfen Sie dem hörgeschädigten Kind, die Unterschiede zwischen einzelnen Lauten zu erkennen und die Laute richtig nachzusprechen, indem Sie ihm diese Unterschiede deutlich aufzeigen.
- Hierfür ist das regelmäßige Tragen der Hörgeräte bzw. die Benützung des Cochlear Implantats eine wichtige Voraussetzung. Über seine Hörhilfen empfängt das Kind auditive Informationen, die ihm ohne diese nicht zugänglich wären und die ihm helfen, die Unterschiede zwischen einzelnen Lauten besser zu erkennen. Ohne Hörhilfen hört ein hörgeschädigtes Kind viel schlechter und auch ganz anders als mit Hörgeräten.
- Helfen Sie dem Kind, diese Laute gut zu hören, indem Sie diese deutlich und in normaler Stimmlage sprechen. Sprechen Sie weder zu schnell noch zu langsam und vermeiden Sie übertriebene Mundbewegungen.
- Schreiben Sie ein Wort, welches das hörgeschädigte Kind noch undeutlich ausspricht, auf die Folie eines Tageslichtprojektors oder an die Tafel und sprechen Sie es dann deutlich vor. Machen Sie das Kind dabei aber auch durch Zeigen auf den Laut bzw. auf die Laute darauf aufmerksam, wo sein Fehler liegt bzw. lag.
- Bei älteren Schülern kann der Gebrauch von phonetischer Umschrift, bei jüngeren der von Betonungszeichen eine Hilfe sein, um ihnen die richtige Aussprache von Wörtern und/oder von Sätzen zu verdeutlichen.
- Sprechen Sie hin und wieder einen Satz in guter rhythmischer Gliederung vor und lassen Sie ihn dann von mehreren Kindern, darunter auch vom hörgeschädigten Kind, nachsprechen.
- Helfen Sie dem Kind, die Bedeutung von ähnlich klingenden oder von im Mundbild ähnlich aussehenden Wörtern (z.B. von »Bein« und »Pein« oder von »Boot« und »Brot« oder von »Spott« und »Sport«) zu erfassen, indem Sie das Wort im Satzzusammenhang gebrauchen.

- Nutzen Sie die im Deutschunterricht beim Lesen, beim Rechtschreiben und in der Sprachlehre nötige Einzelarbeit dafür, auf eine gute Aussprache hinzuwirken.
- Halten Sie regelmäßigen Kontakt zur Logopädin und/oder zum Integrationslehrer, um zu erfahren, wo deren Arbeitsschwerpunkt gerade liegt. Sie können dann möglicherweise vom hörgeschädigten Kind soeben erworbene Sprechfertigkeiten im Klassenunterricht bzw. daheim verstärken.
- Stellen Sie der Logopädin und dem Integrationslehrer für die Einzeltherapie mit dem Kind Material aus Ihrer Klasse zur Verfügung. Damit zeigen Sie den Therapeuten, daß Sie an deren Arbeit wirklich interessiert sind.
- Verstärken Sie die Fertigkeiten, die dem Kind von der Logopädin und/ oder dem Integrationslehrer beigebracht worden sind, indem Sie dem hörgeschädigten Kind oft Gelegenheit zum Sprechen und zum Hören anbieten.
- Verstärken Sie die Sprechbemühungen des hörgeschädigten Kindes auf positive Weise. Sagen Sie nicht: »Das hast du schlecht gesprochen«, sondern: »Hör gut zu! Ich spreche das so.«
- Versuchen Sie nicht, das Kind zu unterbrechen, um seine Aussprache zu korrigieren oder um es auf einen Sprechfehler hinzuweisen. Warten Sie damit ab, bis das Kind einen Satz zu Ende gesprochen hat, und verbessern Sie ihn erst dann.
- Wenn Sie das Sprechen des Kindes verbessern wollen, dann sprechen Sie ihm das entsprechende Wort richtig vor und gebrauchen Sie es dann in einem Satz. Fordern Sie das Kind erst jetzt zur Wiederholung auf. Durch diese Vorgehensweise werden dem Kind die Bedeutung und der Zusammenhang klar. Ferner wird ihm die Möglichkeit geboten, zu hören und das Wort zu wiederholen.
- Machen Sie sich mit dem Sprechen eines hörgeschädigten Schülers dadurch vertraut, daß Sie sich öfter einmal mit ihm unterhalten. Sie werden das Kind viel besser verstehen, wenn Sie auf diese Weise gelernt haben, ihm zuzuhören.
- Aber auch die Beobachtung der Mundbewegungen und des Gesichtsausdrucks eines hörgeschädigten Kindes kann Ihnen helfen, seine Sprache besser zu verstehen, wie es umgekehrt ja auch dem Kind hilft, Sie besser zu verstehen, wenn es Ihnen beim Sprechen auf den Mund sehen kann.
- Ermuntern Sie das Kind, seine Gedanken zu wiederholen, wenn Sie einmal nicht verstanden haben, was es Ihnen sagen wollte.
- Versuchen Sie das Sprechen in einer wirklich entspannten, freundlichen Atmosphäre zu üben, damit das Kind Vertrauen in seine Sprechfähigkeit entwickeln kann.

- Täuschen Sie nicht vor, das hörgeschädigte Kind verstanden zu haben, wenn dem nicht so ist.
- Sie sind der Prüfstein für das Sprechen des hörgeschädigten Kindes. Erfüllen Sie diese Aufgabe stets gewissenhaft.

5.6 Hilfen zur weiteren Entfaltung der Sprache

Kinder mit beeinträchtigtem Hörvermögen haben mehr Schwierigkeiten als andere Kinder, die Sprache ihrer Umgebung richtig verstehen und sprechen zu lernen. Darum kann es sowohl auf Seiten des hörgeschädigten Kindes als auch auf Seiten seiner Eltern und Lehrer hin und wieder einmal zu Mißverständnissen kommen. Viele dieser Schwierigkeiten können auf ähnliche Weise, wie dies auch bei manchen Kindern aus nicht deutschredenden Gastarbeiterfamilien oder aus nur rudimentäre Deutschkenntnisse besitzenden Aussiedlerfamilien geschehen muß, angegangen und schrittweise behoben werden. Hierfür seien nachstehend für Eltern und Lehrer einige Empfehlungen gegeben.

- Machen Sie sich mit den sprachlichen Irrtümern des hörgeschädigten Kindes vertraut. Diese helfen ihnen, angemessene Übungen für die weitere Förderung der Sprachbeherrschung des Kindes zusammenzustellen.
- Nützen Sie jede sich hierfür bietende Gelegenheit, dem Kind die unterschiedlichen Bedeutungen eines Wortes beizubringen. Gebrauchen Sie dieses Wort jeweils in einem angemessenen Satz, z.B.

  »Ich habe ihr einen *Strauß* Blumen mitgebracht.«

  »Im Zoo habe ich gestern einen großen *Strauß* gesehen.«

  »Mit dir habe ich noch einen *Strauß* auszufechten.«

- Denken Sie bei Spaziergängen, bei Schulausflügen usw., wenn Sie irgendetwas sehen, was dem hörgeschädigten Kind sprachlich möglicherweise noch nicht vertraut ist, daran, ihm an Ort und Stelle den entsprechenden sprachlichen Begriff, die dazu passende Redensart usw. anzubieten. Hilfreich ist es, wenn Sie hierfür stets Bleistift und Papier griffbereit mit sich führen. Wenn Sie nämlich das Wort oder den Satz sofort auch in seiner Schriftform anbieten, prägen sie sich nachhaltiger ein.
- Lehren Sie das Kind auch idiomatische Ausdrücke, d.h. solche Redewendungen, deren Gesamtbedeutung sich nicht aus der Bedeutung der Einzelwörter erschließen läßt, z.B.: »Etwas durch die Blume sagen.« Die idiomatische Anwendung derartiger Redewendungen muß bei hierfür passenden Gelegenheiten geübt werden, wenn man vermeiden will, daß das hörgeschädigte Kind sie falsch, d.h. ihrem Wortsinn nach, versteht und anwendet.

- Zeigen Sie dem Kind, wie ein Wechsel in der Betonung die Bedeutung eines gleichlautenden Wortes oder Satzes verändern kann, z.B.: »Ich *fahre* heute heim« im Gegensatz zu »Ich fahre *heute* heim« oder »Ich fahre heute *heim*«.
- Bringen Sie dem Kind keine hochtrabende Sprache bei, mit der es bei seinen Altersgenossen nur auffällt. Machen Sie es eher mit solchen idiomatischen und umgangssprachlichen Redewendungen vertraut, die von Kindern seiner Altersstufe verwendet werden. Wenn es diese beherrscht und anwendet, dann wird es von seinen Altersgenossen viel eher akzeptiert.
- Manche hörgeschädigte Kinder haben über längere Zeit hinweg große Schwierigkeiten, richtige Fragen zu stellen. Wenn die Kinder sich dieser Tatsache bewußt sind, halten sie sich auch mit dem Stellen von Fragen zurück, wenn ihnen etwas unklar geblieben ist. Hier muß schnell Abhilfe geschaffen werden. Nehmen Sie dieserhalb rasch Kontakt mit der Logopädin bzw. mit dem Integrationslehrer des Kindes auf. Diese können Ihnen manchen guten Ratschlag erteilen, wie Sie dieses Problem angehen und lösen können.
- Wenn ein hörgeschädigtes Kind wiederholt auf Fragen mit unangemessenen Antworten reagiert, dann hat es sehr wahrscheinlich den Sinn der Frage nicht richtig erfaßt gehabt. In einem solchen Fall ist es nötig, die Frage zu klären.
- Das Schreiben von Berichten und das Erzählen bzw. das Nacherzählen von Geschichten sind wichtige Übungen, um das hörgeschädigte Kind zum richtigen Gebrauch idiomatischer Ausdrücke, zur richtigen Betonung und zur richtigen Anwendung neuer Frageformen zu führen.
- Wenn Sie eine neue Redewendung oder eine neue Frageform eingeführt haben, dann müssen Sie aber auch dafür Sorge tragen, daß diese vom Kind übernommen werden können. Ein nur einmaliges Anbieten reicht hierfür in der Regel nicht aus. Sie müssen wiederholt darauf zurückkommen.
- Benützen Sie vor allem bei noch jüngeren Schülern vornehmlich einfache, klar strukturierte Sätze. Diese sind leichter zu verstehen. Kompliziertere Satzstrukturen stiften dagegen häufig Verwirrung. Das gilt nicht nur für hörgeschädigte, sondern auch für manche andere Schüler mit normaler Hörfähigkeit.
- Verwandeln Sie eine vom Kind unvollständig vorgebrachte Frage in eine vollständige Frage und erweitern Sie einen unvollständigen Satz in einen vollständigen Satz. Auf diese Weise helfen Sie dem hörgeschädigten Kind, seine möglicherweise noch nicht ganz altersgemäß entwickelte Sprache zu vervollkommnen und zu verbessern.
- Machen Sie auch das hörgeschädigte Kind schon früh mit dem richtigen Gebrauch eines Wörterbuches vertraut. Als erstes Wörterbuch empfiehlt

sich etwa gegen Ende des zweiten Grundschuljahres der *»Kinderduden«*. Kinder müssen im Gebrauch eines Wörterbuches geübt werden, wenn sie es wirklich benützen sollen.

- Lassen Sie Kinder mit Sprachproblemen klar strukturierte Sätze herausfinden, indem Sie dürftig strukturierte Sätze an der Tafel durchstreichen und nur wirklich gut strukturierte Sätze stehen und abschreiben lassen.
- Hörgeschädigte Kinder haben zuweilen länger als guthörende Kinder Schwierigkeiten mit dem Folgern. Folgern heißt, zu einer vorgegebenen Information eine andere, nicht vorgegebene Information hinzuzufügen. Das Schlußfolgern läßt sich auf verschiedene Art und Weise üben, so z.B. mit Hilfe von Information aus Bildern, durch Vervollständigung noch unvollständiger Sätze, durch Einsetzen von Sätzen in Bildabfolgen mit Sprechblasen, durch Ordnen von losen Bildern zu einer Bildgeschichte. Einige Beispiele sollen zeigen, wie das gemeint ist.

  Sie betrachten gemeinsam mit der Klasse ein Bild eines Bauernhofes. Es ist Erntezeit und die Kinder des Bauern spielen vor dem Haus. Ihre Schüler sollen Antworten auf folgende Fragen finden: Was hat der Bauer geerntet? Ist sein Hof ertragreich? Wie alt sind seine Kinder?

  Oder Sie lassen unvollständige Sätze ergänzen:
  »Es regnet. Wir nehmen besser ... .«
  »Ich fühle mich unwohl. Ich brauche ... .«
  »In den Weihnachtsferien möchte ich skilaufen.
  Ich wünsche mir darum ... .«

- Lassen Sie die Kinder üben, zunächst genaue Gegebenheiten zu erkennen und diese dann in abstrakte Ideen umzuwandeln. Auf diese Weise können Sie deren Fertigkeit im Schlußfolgern verbessern. So erzählen Sie den Kindern z.B. die folgende Geschichte:

  »Ein junger Bäckermeister besaß eine gut gehende Bäckerei. Seine Frau half jeden Vormittag beim Verkauf. Sie kümmerte sich aber auch um die beiden Kinder, die am Vormittag im Kindergarten waren. Bei einem Familienausflug am Sonntag verunglückte der Bäckermeister tödlich. Seine Frau wurde schwer verletzt und mußte für viele Wochen ins Krankenhaus. Die Kinder kamen mit dem Schrecken davon. ...« Die Kinder sollen die Geschichte beenden.

- Beziehen Sie das hörgeschädigte Kind in alle sprachlichen Aktivitäten ein. Wenn Sie dies konsequent tun, werden Sie eine Fülle von Situationen finden, die Ihnen helfen, die Sprache des Kindes zu festigen und zu erweitern. Und Sie selbst werden auch Gewinn davon haben, denn Sie werden immer mehr über Ihre eigene Sprache zu reflektieren beginnen. Das aber bleibt nicht ohne positive Rückwirkungen auf Ihren Unterricht und auf die sprachliche Entwicklung aller Ihrer Schüler.

5.7 Hilfen zur Befähigung zum Lesen

Hörgeschädigten Kindern entgehen manche Informationen, die wir so nebenher aus diesem oder jenem Gespräch aufschnappen. Dazu sind hörgeschädigte Kinder in der Regel nicht fähig. Sie können mündliche Informationen oft nur dann wahrnehmen, wenn diese entweder direkt an sie gerichtet sind oder unter optimalen akustischen Bedingungen frei von Störschall angeboten werden.

Das Wahrnehmungsdefizit an mündlicher Sprache müssen hörgeschädigte Kinder durch vermehrtes Lesen zu kompensieren versuchen. Darum müssen Lehrer und Eltern alles tun, hörgeschädigte Kinder möglichst früh zum Lesen zu befähigen. Derartige Bemühungen können und sollen bereits im Vorschulalter einsetzen (Löwe 1969; Löwe 1994; Schmid-Giovannini 1986). Viele hörgeschädigte Kinder können heute vor allem deshalb so erfolgreich in einer Regelschule unterrichtet werden, weil sie bei Erreichen des schulpflichtigen Alters bereits lesen konnten.

Die folgenden Empfehlungen gehen davon aus, daß das hörgeschädigte Kind, das in einer Regelschule unterrichtet wird, dort oder auch schon vor Schuleintritt im Elternhaus bereits das Lesen gelernt hat. Für die Lektüre schwierigerer Texte - z.B. von Märchen und von Sagen, die garnicht so leicht sind, wie manche Eltern irrtümlich meinen - fehlen ihm jedoch häufig noch viele Begriffe. Außerdem sind ihm manche Satzformen noch nicht bekannt. Da es sie nicht kennt, kann es sie auch nicht oder nur vage verstehen. Verständlicherweise macht ihm dann aber das Lesen auch keinen rechten Spaß. Uns geht es ja ähnlich, wenn wir einen fremdsprachlichen Text lesen sollen, der zu viele uns noch unbekannte Wörter oder Satzformen enthält. Darum tut vor allem eine zügige Wortschatzerweiterung not.

Eltern hochgradig hörgeschädigter Kinder möchte ich an dieser Stelle auf das von Bruno Fischer verfaßte Buch *»Hilfe für hörgeschädigte Kinder«* verweisen. In ihm werden mehrere Lesehilfen aufgezeigt, deren Anwendung zum Ziel hat, das Sprachniveau des hörgeschädigten Kindes auf das Textniveau anzuheben und nicht, das Textniveau auf die Sprachebene des Kindes herabzudrücken, wie dies in Büchern, die eigens für gehörlose und für schwerhörige Kinder in einfacher Sprache verfaßt worden sind, im allgemeinen der Fall ist. Erst wenn dieses Ziel erreicht ist, wird ein Kind, sei es guthörend oder hörgeschädigt, gern lesen. Die folgenden Empfehlungen beinhalten auch einige der in dem erwähnten Buch gegebenen Ratschläge.

Auch hörgeschädigte Kinder können, wie langjährige Erfahrungen gezeigt haben, durch einen gut konzipierten Leseunterricht gute Leser werden. Dabei kommt der ständigen Wortschatzerweiterung eine hohe Bedeutung zu. Wenn auch die Entwicklung des Wortschatzes ein integrierter Bestandteil nahezu jeder Unterrichtsstunde in so gut wie jedem Unterrichtsfach ist, empfehlen sich dennoch auch zusätzliche Hilfen. Hierbei ist u.a. an die vielen Anregungen zu denken, die in fast allen Arbeitsbüchern für den Sprachunterricht gegeben werden.

- Wenn Sie einem hörgeschädigten Kind das Verstehen eines neuen Wortes erleichtern wollen, sollten Sie dieses in einem Satz oder auch in mehreren Sätzen gebrauchen. Auf diese Weise lassen sich die vielschichtigen Bedeutungen, die manche Wörter haben, am wirkungsvollsten erklären. Stellen Sie dann aber auch gezielte Fragen, deren Beantwortung mehr als nur eine Ja-Antwort oder eine Nein-Antwort verlangt. Ein einfaches Beispiel:

    »Das hier ist ein Schirm. Wozu benötigt man eigentlich einen Schirm?« (Zum Schutz vor Regen oder auch vor Sonne).

    »Das hier ist auch ein Schirm.« (Man zeigt auf den Teil der Mütze, der vor allem dem Schutz vor der Sonne dient).

    »Wer kennt noch einen anderen Schirm?« (Teil der Lampe, der vor zu grellem Licht schützen soll).

  Auf diese oder ähnliche Weise werden zunächst die folgenden Bedeutungen des Wortes Schirm geklärt: Regenschirm, Sonnenschirm, Mützenschirm, Lampenschirm. Im weiteren Verlauf der Stunde werden aber auch noch die folgenden Wortbedeutungen gefunden und besprochen: »schirmen«, »beschirmen«, »Schirmherr«, »Schirmherrschaft«, »Schirmständer«, »unter deinen Schutz und Schirm ...« (Gebetstext).
- Sorgen Sie im Anschluß an eine solche Wortschatzerweiterung dafür, die neu erarbeiteten Wörter sowohl schriftlich als auch mündlich zu gebrauchen. Ein Wort muß geübt und auch in Gesprächssituationen verwendet werden, wenn es behalten und somit frei verfügbar gemacht werden soll. Beachten Sie darum aber auch die spontanen Lernsituationen, um die Entwicklung des Wortschatzes zu stabilisieren und zu fördern.
- Manche hörgeschädigte Kinder haben Schwierigkeiten, Vergleiche als solche zu erfassen. Diesen Kindern muß geholfen werden, Vergleiche zu machen und Unterschiede zu bestimmen. Um sie dazu zu befähigen, sollte man ihnen Fragen wie etwa diese stellen:

»Auf diesen Bildern siehst du einen Roller und ein Fahrrad. Worin sind sich diese ähnlich? Worin unterscheiden sie sich? Welche anderen Zweiräder kennst du noch? Worin unterscheiden sich diese von einem Fahrrad? Von einem Motorrad? usw.

- Aber auch das Schlußfolgern bereitet, wie schon gesagt worden ist, manchen hörgeschädigten Kindern Probleme. Sie benötigen eine gewisse Übung, um entsprechende Texte richtig verstehen zu können. Hierfür eignen sich Bilderserien, kurze Texte und viele ganz gezielte Fragen. Den Kindern wird z.B. ein Bild von einer Fabrik in einem Entwicklungsland gezeigt. Vor dem Fabrikgebäude steht ein Lastauto, das von mehreren, nur dürftig bekleideten Männern beladen wird.

  »Schaut euch das Bild genau an! Welche Arbeit verrichten die Männer? Beladen sie das Lastauto oder entladen sie es? Warum tragen sie wohl nur eine kurze Hose? Was glaubst du, was in den Säcken ist? Warum?« usw.
- Oder ein anderes Bild. Ein Soldat steht erschüttert vor den Ruinen eines Hauses in einer durch Bomben weitgehend zerstörten Stadt. Dieses Bild kann zu mancherlei Interpretationen Anlaß bieten. Richtig verstanden wird es wohl erst, wenn die Erzählung, der es zur Illustration gedient hat, vorgelesen wird. Sie berichtet von einem Spätheimkehrer aus dem Zweiten Weltkrieg, der vor den Ruinen seines Elternhauses steht, unter dem alle seine Angehörigen begraben liegen.
- Manche hörgeschädigte Kinder haben längere Zeit Probleme, hinweisende Fürwörter richtig zu verstehen. Nur durch angemessene Übungen und durch Erklärung ihrer Fehler können sie es lernen, die richtigen Fürwörter zu finden und zu verwenden.
- Aber auch ungenaue Zeitbestimmungen zu verstehen, bereitet manchem hörgeschädigten Kind Schwierigkeiten. Angaben wie »vor langer Zeit«, »beim nächsten Mal«, »vorletztes Jahr«, »neulich« usw. bedürfen einer Klärung, indem man sie z.B. mit leichter verständlicheren, konkreten Zeitbestimmungen in Beziehung setzt.
- Nicht jede schriftliche Anweisung ist für jedes Kind sofort einsichtig. Für hörgeschädigte Kinder trifft dies ganz besonders zu. Manche von ihnen tun sich sehr schwer, schriftliche Anweisungen wie etwa die folgenden zu verstehen:

  »Mache einen Kreis um jedes persönliche Fürwort!«
  »Unterstreiche alle Tätigkeitswörter!«
  »Streiche alle Eigenschaftswörter durch!« usw.

Helfen Sie in solchen Fällen dem hörgeschädigten Kind, indem Sie ihm Beispiele mit den ihm noch nicht vertrauten Anweisungen geben und ihm noch nicht bekannte oder komplizierte Anweisungen erklären.

- Viele hörgeschädigte Kinder erfassen den Sinn eines ihnen vorliegenden Textes leichter, wenn ihnen dieser laut vorgelesen wird und sie ihn gleichzeitig mitlesen dürfen. Voraussetzung hierfür ist allerdings, daß er ihnen rhythmisch gut gegliedert und mit der jeweils richtigen Betonung vorgelesen wird. So hat z.B. der folgende Satz, je nach Betonung, einen jeweils anderen Sinn (den man zwischen den Zeilen lesen bzw. heraushören muß):

  Ich gehe jetzt nach Hause.
  (Sinn: Du kannst meinetwegen noch bleiben.)

  Ich *gehe* jetzt nach Hause.
  (Sinn: Ich fahre nicht.)

  Ich gehe *jetzt* nach Hause.
  (Sinn: In diesem Augenblick.)

  Ich gehe jetzt nach *Hause.*
  (Sinn: Nicht in das Theater usw.)

  Mikrofonnahe Zusprache, etwa über ein vom Lehrer getragenes Sendemikrofon, kann das sinnerfassende Lesen ebenfalls erleichtern.
- Es kann zuweilen aber auch ratsam sein, den Text einer Geschichte den Kindern zunächst mit einigen zusätzlichen erläuternden Bemerkungen vorzutragen. Als Lehrer können Sie bei diesem Vortrag schwierigere Satzstrukturen durch einfachere ersetzen, um den Kindern das Verstehen des Satzsinnes zu erleichtern. Sobald Sie meinen, daß der Sinn verstanden worden ist, lesen Sie den Originaltext vor. Mit anderen Worten: jede zunächst vorgenommene Vereinfachung, Abkürzung und Übertragung soll schließlich zum vorliegenden Text hinführen. Bei dieser Vorgehensweise muß das Lesebuch verständlicherweise zunächst noch geschlossen bleiben.
- Machen Sie Ihre Schüler aber auch mit der richtigen Benützung der Schulbücherei vertraut. Das ist eine ganz wichtige Hilfe, um die Schüler zu befähigen, alsbald auch die Dienste einer außerschulischen Bücherei in Anspruch nehmen zu können.
- Sie werden als Lehrer keinesfalls für alle hier angedeuteten »Lesehilfen« in Ihrem Unterricht genügend Zeit finden. Bitten Sie darum sowohl die Eltern des hörgeschädigten Kindes als auch den Integrationslehrer, Sie hierbei aktiv zu unterstützen.

5.8 Informationen über Hörgeräte

5.8.1 HdO-Hörgeräte

Hörgeschädigte Kinder sind wenigstens mit einem, mehrheitlich jedoch mit zwei Hörgeräten ausgestattet. Hörgeräte gibt es in verschiedenen Ausführungen, nämlich als Taschenhörgeräte, als Hinter-dem-Ohr-Hörgeräte (= HdO-Hörgeräte), als Hörbrillen und als Im-Ohr-Hörgeräte. Da gegenwärtig fast alle Kinder, bis auf ganz wenige Ausnahmen, mit HdO-Hörgeräten versorgt werden, sollen allein diese hier kurz vorgestellt werden.

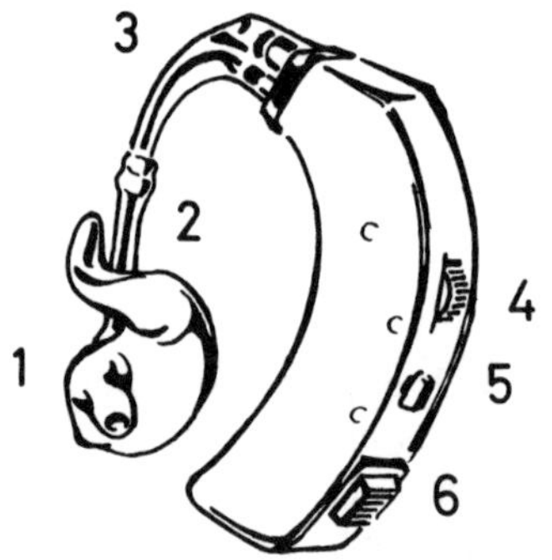

HdO - Gerät

1 = Ohrpaßstück
2 = Hörschlauch
3 = Ansatzstutzen mit Schalleintrittsöffg.
4 = Lautstärkeregler
5 = Mikrofon - Hörspulenschalter
6 = Batteriekästchen mit Ein-Aus-Schalter

Abb. 7

Wie aus der Abbildung zu ersehen ist, sind bei einem HdO-Hörgerät alle Funktionseinheiten, nämlich Mikrofon, Verstärkerteil und Hörer, in einem kleinen Kunststoffgehäuse zusammengefaßt, das dank seiner besonderen Formgebung hinter der Ohrmuschel getragen werden kann. Da sich - im Gegensatz zu den früher einmal gebräuchlich gewesenen Taschenhörgeräten - auch der Hörer im Gerät befindet, ist kein Außenhörer nötig. Die Verbindung zwischen dem HdO-Hörgerät und dem Ohr wird durch einen kleinen Kunststoffschlauch hergestellt, dessen Ende in ein Ohrpaßstück eingelassen ist.

5.8.2 Beidohriges Hören

Es ist kein Luxus, wenn hörgeschädigte Kinder im Regelfall zwei HdO-Hörgeräte tragen. So wie ein Normalhörender mit zwei Ohren hört, hat auch das hörgeschädigte Kind ein Recht darauf, beidohrig hören zu dürfen, zumal dieses gegenüber dem nur einohrigen Hören für das Hören in einer Schulklasse mehrere wichtige Vorteile aufweist:

- Es bietet ein besseres Hören für die Bestimmung der Richtung und Entfernung und unterstützt das Raumbewußtsein.

- Es bietet bessere Voraussetzungen für eine spontane Lokalisation einer Schallquelle.
- Es kommt mit einer geringeren Verstärkung aus.
- Es erleichtert, vor allem bei Störlärm, das Verstehen von gesprochener Sprache.

Ein Kind, das nur mit einem Hörgerät versorgt ist, hat dagegen in solchen Situationen Hörschwierigkeiten, in denen auch guthörende Menschen zuweilen schon Hörprobleme haben. Dies gilt vor allem für das Hören in halligen und lauten Räumen:

- Da ihm das Richtungshören fehlt, kann es nicht mit Sicherheit sagen, woher ein von ihm wahrgenommener Schallreiz gekommen ist.
- Störlärm erschwert ihm weit mehr als guthörenden Mitmenschen die Kommunikation mit der Umwelt.
- Bevor es den Standort eines Sprechers erkannt hat und sich ihm zuwenden kann, vergeht einige Zeit, in der bereits wichtige Aussagen gemacht worden sind, die es nicht oder nur unvollständig wahrnehmen und verstehen konnte.

5.8.3 Die Induktionsspule

Viele, wenn auch nicht alle HdO-Hörgeräte sind mit einer Induktionsspule, auch Hörspule oder Telefonspule genannt, ausgestattet. Es handelt sich hierbei um eine kleine Drahtspule, die vor allem dazu dienen soll, Hörgeräteträgern das Telefonieren und das Fernsehen zu erleichtern. In jedem Telefon und in jedem Tonteil eines Fernsehgerätes laufen elektrische Schwingungen ab, bevor sie vom Telefonhörer oder Lautsprecher in Schall verwandelt werden. Die Induktionsspule des Hörgerätes kann diese Stromschwingungen aufnehmen. Sein Mikrofon wird hierfür nicht benötigt. Darum wird das Hörgerät auch von »Mikrofon« auf »Induktion« bzw. »Telefon« umgeschaltet. Die Stromschwingungen gelangen von der Induktionsspule zum Verstärker des Hörgerätes, werden dort verstärkt und dann an den Hörer weitergeleitet. Da das Mikrofon des Hörgerätes bei dieser Funktionsweise ausgeschaltet ist, kann es auch keinen Störschall aus dem Zimmer aufnehmen. Das bedeutet, daß die Klangqualität der gehörten Sprache bei diesem »induktiven Hören« besser sein kann als beim üblichen Hören.

Für den Unterricht in einer Regelschulklasse spielt das induktive Hören keine Rolle. Es wird darum hier nicht näher darauf eingegangen, vor allem nicht auf die hierfür erforderlichen Vorkehrungen. Wer sich hierüber sowie über andere Hörgerätefragen näher informieren will, sei auf Informationsschriften verwiesen, die in Fachgeschäften für Hörgeräte-Akustik erhältlich sind.

5.8.4 Der Audio-Eingang

Hörgeschädigte Kinder werden heute fast immer mit HdO-Hörgeräten versorgt, die über einen sogenannten Audio-Eingang verfügen. Dadurch wird es z.B. möglich, die Hörgeräte mit einem zusätzlichen Handmikrofon für die Einzeltherapie auszustatten und an einen Tonträger oder, worauf noch eingegangen wird, an eine UKW-Übertragungsanlage, bestehend aus einen UKW-Sender und Richtmikrofon auf seiten des Lehrers und aus einem UKW-Empfänger auf seiten des Kindes, anzuschließen. Mit einer derartigen Übertragungsanlage, auch FM-Anlage genannt, deren Vorhandensein für die meisten hörgeschädigten Kinder in Regelschulen unverzichtbar ist (sie wird ähnlich wie die Hörgeräte von den Krankenkassen und Krankenversicherungen und gegebenenfalls auch von anderen Kostenträgern finanziert), können Entfernungen bis etwa 40 m überbrückt werden.

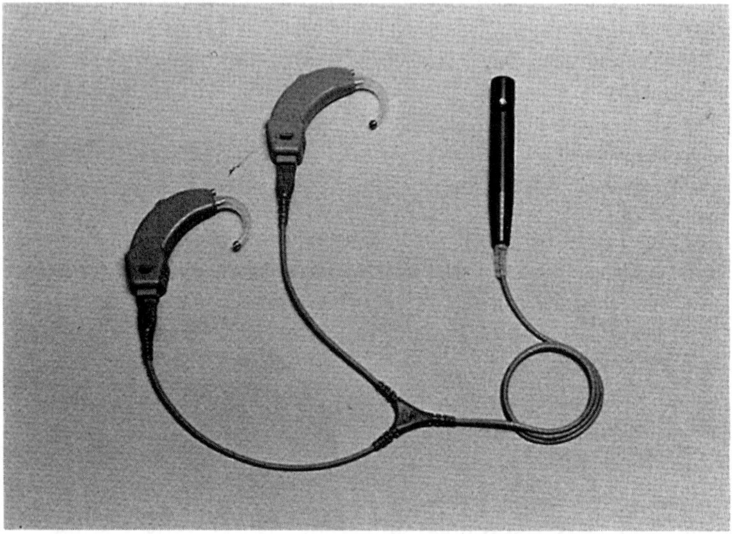

Abb. 8: Ein Handmikrofon, das über die beiden Audio-Eingänge an HdO-Hörgeräte angeschlossen ist (PHONAK-Werkfoto)

5.8.5 Die Bedeutung des Nutzschall-Störschall-Verhältnisses

Wenn heute erfreulicherweise auch nahezu alle hörgeschädigten Kinder mit zwei HdO-Hörgeräten ausgestattet sind, so heißt dies noch nicht, daß diese Kinder damit unter den üblichen schulischen Bedingungen auch jederzeit gut hören können. Was im Elternhaus durchaus als ausreichend angesehen werden darf, kann sich nämlich für den Schulunterricht als völlig unzureichend erweisen. Um diese Aussage verstehen zu können, muß man wissen, daß sich Lärm und Nachhall sehr negativ auf die Sprachwahrnehumg auswirken können und daß ein hörgeschädigter Schüler nur dann erfolgreich am Unterricht teilnehmen kann (dabei spielt es keine Rolle, ob er diesen in einer Regelschule oder in eine Sonderschule erhält), wenn er vor allem das Sprechen des Lehrers jederzeit mit einem sehr guten Nutzschall-Störschall-Verhältnis wahrnehmen kann.

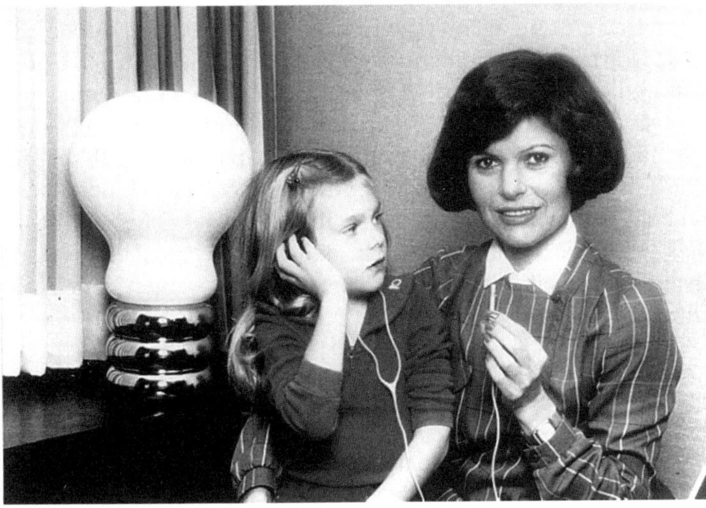

Abb. 9: Eine Mutter bietet ihrem hörgeschädigten Kind über das Handmikrofon optimale Wahrnehmungsbedingungen (PHONAK-Werkfoto)

Das entscheidende Kriterium für eine gute Sprachwahrnehmung ist nicht, wie fälschlicherweise oft angenommen wird, der absolute Störpegel in einem Klassenzimmer, sondern das Verhältnis zwischen der Lautstärke der Lehrerstimme (= Nutzschall) und der Lautstärke des Lärmpegels (= Störschall), und zwar nicht an ihrem jeweiligen Ursprungsort, sondern am Mikrofon der Hörgeräte des Kindes gemessen. Um Sprache wirklich gut wahrnehmen zu können, benötigen hörgeschädigte Kinder ein Nutzschall-Störschall-Verhältnis von + 20 dB bis + 30 dB. Diese Werte liegen etwas höher als die, welche Kinder mit normalem Hörvermögen benötigen.

Der wichtigste Faktor für die Bestimmung des Nutzschall-Störschall-Verhältnisses ist die Entfernung zwischen dem Lehrer und dem Schüler. Hierfür gibt es eine Faustregel: die Lautstärke nimmt jeweils um 6 dB ab, wenn sich der Abstand zwischen dem Lehrer und dem Schüler verdoppelt. Wenn die Lautstärke eines Schallsignals, aus 50 cm Entfernung gemessen, z.B. 70 dB beträgt, dann verringert sich diese bei 1 m Entfernung auf 64 dB, bei 2 m Entfernung auf 58 dB und bei 4 m Entfernung auf 52 dB. Mit anderen Worten:; das Nutzschall-Störschall-Verhältnis verschlechtert sich mit zunehmender Entfernung, weil nämlich der Störschall in unmittelbarer Nähe des Kindes im allgemeinen gleich laut bleibt.

Die durchschnittliche Lautstärke unseres Sprechens beträgt etwa 65 dB, gemessen aus 1 m Entfernung. Wenn man ferner weiß, daß die durchschnittliche Lautstärke des Lärmpegels in einem Klassenzimmer (während des Unterrichts, nicht während der Pause!) 56 dB beträgt, dann heißt dies, daß die Lautsprache, die am Ohr eines Kindes zu vernehmen ist, dann nur um 9 dB lauter ist als der das Kind umgebende Störlärm. Das Nutzschall-Störschall-Verhältnis beträgt + 9 dB. Bei Zusprache aus 2 m Entfernung hat es sich bereits auf nur + 3 dB und bei Zusprache aus 4 m Entfernung sogar auf–3 dB verringert. Wenn man dies weiß, wird man verstehen, daß ein hörgeschädigtes Kind einen wesentlich niedrigeren Störschallpegel benötigt, um seinen Lehrer verstehen zu können.

5.8.6 Nachhall

Aber nicht nur Störschall, sondern auch Nachhall kann sich negativ auf die Sprachwahrnehmung auswirken. Wenn Schallwellen in einem geschlossenen Raum von den Wänden zurückgeworfen werden, entsteht ein neuer, von der ursprünglichen Schallquelle getrennter Höreindruck, das Echo. Wenn beide Höreindrücke subjektiv nicht mehr zu trennen sind, bezeichnet man dies als Nachhall. Nachhall kann je nach Beschaffenheit der Wände, der Größe des Zimmers, seiner Ausstattung usw. unterschiedlich lang andauern. Man spricht in diesem Zusammenhang auch von Nachhallzeit. Damit meint man die Zeitspanne, die vergeht, bis ein Schallpegel nach Aufhören eines Schallereignisses um 60 dB gefallen ist.

Ein guthörendes Ohr kann im allgemeinen Nachhall bis zu etwa 0.8 Sekunden tolerieren. Erst wenn die Nachhallzeiten länger andauern, gibt es Probleme. Nun haben viele moderne Schulzimmer – in Regelschulen und in Sonderschulen – Nachhallzeiten von etwa 0.6 bis 0.8 Sekunden. Daß derartige Nachhallzeiten für viele hörgeschädigte Kinder jedoch bereits viel zu lang sind, hat u.a. eine von Finitzko-Hieber und Tillman (1978) durchgeführte Untersuchung gezeigt. Sie erbrachte folgendes Ergebnis:

Nachhallzeit	*Wortverständnis* hörende Schüler	*Wortverständnis* hörgeschädigte Schüler
0.0 Sekunden	95 %	83 %
0.4 Sekunden	93 %	74 %
1.2 Sekunden	77 %	45 %

Diese Befunde zeigen deutlich, daß eine zunehmende Nachhallzeit die Sprachwahrnehmung hörgeschädigter Schüler weitaus stärker beeinträchtigt als die hörender Schüler. Während zwischen diesen beiden Schülergruppen bei Fehlen jeglichen Nachhalls (0.0 Sekunde) in der Sprachwahrnehmung nur ein Unterschied von 12% vorlag, erhöhte er sich bei einer Nachhallzeit von 0.4 Sekunde schon auf 19% und bei einer Nachhallzeit von 1.2 Sekunde sogar auf 32%. Mit anderen Worten: schlechte raumakustische Bedindungen machen einem hörgeschädigten Schüler weitaus mehr zu schaffen als einem hörenden Schüler.

Nun können allerdings Störschall und Nachhall nur im Experiment getrennt untersucht werden. In der Schulwirklichkeit bilden sie immer eine Einheit. Wie sich das Zusammenwirken beider auf die Sprachwahrnehmungsleistungen hörgeschädigter Kinder auswirken, zeigen die folgenden, von den gleichen Untersuchern ermittelten Befunde:

Nachhallzeit	*Nutzschall-Störschall-Verhältnis*			
	optimal	+12 dB	+6 dB	0 dB
0.0 Sekunden	83 %	70 %	60 %	39 %
0.4 Sekunden	74 %	60 %	52 %	28 %
1.2 Sekunden	45 %	41 %	27 %	11 %

Diese Zahlen machen mehr als deutlich, daß hörgeschädigte Kinder, die beim Schulunterricht - in welcher Schule dieser auch erteilt werden mag - nur auf ihre individuellen Hörgeräte angewiesen sind, sehr oft unter sehr schweren Bedingungen lernen müssen.

5.8.7 Mikrofonnahe Zusprache

Welche Maßnahmen empfehlen sich, um die Situation eines hörgeschädigten Kindes in einem Schulzimmer mit zu viel Störlärm und zu großer Halligkeit zu verbessern? Die denkbar einfachste Maßnahme wäre, den Abstand zwischen dem Mund des sprechenden Lehrers und den Mikrofonen der Hörgeräte des Schülers zu verkürzen. Was allein dadurch bewirkt werden könnte, sei an einem Beispiel deutlich gemacht. Bei einem angenommenen Störschallpegel von 60 dB trifft das Sprechen des Lehrers bei Zusprache aus 1 m Entfernung mit durchschnittlich 66 dB auf die Mikrofone der Hörgeräte. In diesem angenommenen Fall liegt ein Nutzschall-Störschall-Verhältnis von + 6 dB vor. Wurde oben gesagt, daß die Lautstärke um jeweils 6 dB abnimmt, wenn sich der Abstand verdoppelt, so gilt umgekehrt, daß sie um jeweils 6 dB zunimmt, wenn der Abstand halbiert wird. Wird in unserem Beispiel die Entfernung von 1 m auf 0,5 m verkürzt, erhöht sich das Nutzschall-Störschall-Verhältnis bereits auf + 12 dB. Bei Zusprache aus nur 0,25 m erhöht es sich auf + 18 dB und bei Zusprache aus lediglich 0,12 m sogar auf + 24 dB.

Doch welcher Lehrer kann seinen Unterricht so erteilen, daß er immer nur aus etwa 10 bis 15 cm Entfernung von den Mikrofonen der Hörgeräte eines hörgeschädigten Schülers spricht? Das geht wirklich nicht. Erfreulicherweise bietet die Hörmittelindustrie für dieses Problem eine elegante und zufriedenstellende Lösung an. So ist es möglich, das für die Sprachwahrnehmung eines hörgeschädigten Schülers so dringend notwendige Nutzschall-Störschall-Verhältnis von etwa + 25 dB zu erhalten, ohne daß der Lehrer mit seinem sprechenden Mund jeweils ganz nahe an den Mikrofonen der Hörgeräte sein muß. Hierfür benötigt man ein UKW-Übertragungssystem, auch FM-Anlage genannt. Derartige Anlagen gibt es sowohl aus deutscher (Sennheiser) als auch aus österreichischer (Viennatone) und aus Schweizer (Phonak) Produk-

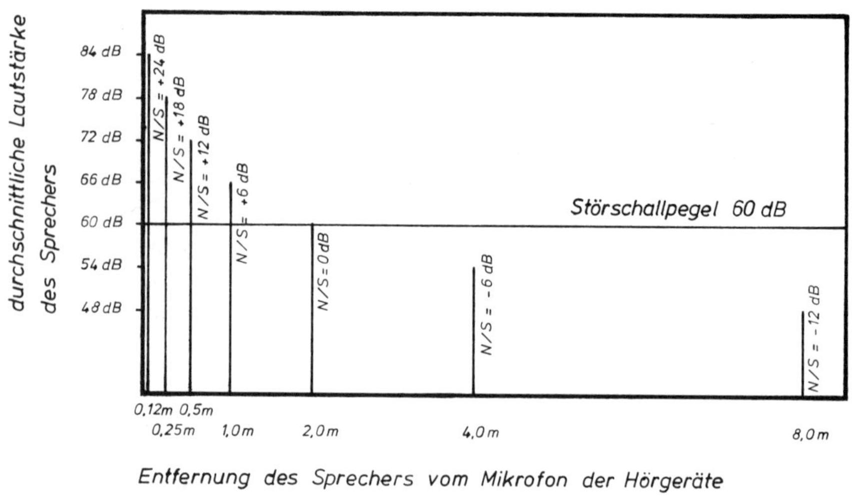

Abb. 10: Je näher am Mikrofon eines Hörgerätes gesprochen wird, desto besser wird das Nutzschall/Störschall-Verhältnis (N/S)

Abb. 11: Ein hörgeschädigter Regelschüler, ausgestattet mit der an seine beiden HdO-Hörgeräte angeschlossenen neuen drahtlosen Übertragungsanlage PHONAK Microvox (PHONAK-Werkfoto)

Abb. 12: Eine Regelschullehrerin, die für einen schwerhörigen Schüler in ihrer Klasse das Sendemikrofon der neuen drahtlosen Übertragungsanlage PHONAK Microvox benützt (PHONAK Werkfoto)

tion. Die von den genannten sowie auch von Firmen in Israel und in den USA angebotenen Systeme bestehen aus einem FM-Sender mit Richtmikrofon (zur vorrangigen Aufnahme von Sprache und zur Unterdrückung von Störgeräuschen) für den Lehrer und aus einem FM-Empfänger für den Schüler. Der Schülerempfänger wird mit Hilfe eines Spezialkabels über den Audio-Eingang mit einem oder mit beiden individuellen HdO-Hörgeräten des Schülers verbunden.

Da das Sendemikrofon sehr klein ist und leicht an der Oberbekleidung der Lehrkraft zu befestigen ist, kann es während des Unterrichts unbeschwert an jedem von ihr gewünschten Platz mitgenommen werden. Wo immer der Lehrer sich aufhalten mag, er ist niemals weiter von den Mikrofonen der Hörgeräte seines Schülers entfernt als etwa 20 cm Sprechdistanz (von seinem Mund bis zum Sendemikrofon auf seiner Kleidung).

Nun soll jedoch das hörgeschädigte Kind nicht nur seinen Lehrer möglichst gut verstehen, es soll auch seine Mitschüler hören und sein eigenes Sprechen mithörend kontrollieren können. Um beides unter optimalen Bedingungen möglich zu machen, arbeiten einige UKW-Übertragungsanlagen heute mit einer sogenannten Einblendautomatik. Bei anderen läßt sich diese Funktion durch Betätigung eines Reglers einstellen. Was ist darunter zu verstehen? Was ist ihre Aufgabe?

Hier muß ich noch einmal auf das Problem des Störlärms zu sprechen kommen, der sich aus dem Hantieren mit Schreibgeräten und Büchern, unruhigen Bewegungen auf den Stühlen, Fußescharren, flüsternden bis halblauten Äußerungen zum Sitznachbarn, Schritten des Lehrers und/oder einzelner Schüler beim Gang durch die Klasse und zur Tafel sowie aus Lärm von außerhalb der Klasse zusammensetzt. Alle diese Geräusche summieren sich - je nach Disziplin in der Klasse - bis zu 55/60 dB.

Würden die Mikrofone in den Hörgeräten des zusätzlich mit einem FM-Empfänger hörenden Schülers diese Störgeräusche ständig parallel zur Lehrerstimme übertragen, so würde sich die Verständlichkeit der drahtlos übertragenen Lehrerstimme wahrscheinlich nur geringfügig verbessern. Darum müssen die Mikrofone der Hörgeräte jeweils dann, wenn der Lehrer spricht, abgedämpft werden. Das besorgt die erwähnte Einblendautomatik. Mit anderen Worten: solange der Lehrer nicht spricht, sind die eingebauten Mikrofone der Hörgeräte mit ihrer normalen Empfindlichkeit voll wirksam. Der hörgeschädigte Schüler nimmt seine eigenen Äußerungen und die seiner Mitschüler über die Mikrofone seiner beiden HdO-Hörgeräte wahr. Sobald jedoch der Lehrer zu sprechen beginnt, wird die Empfindlichkeit der in die Hörgeräte eingebauten Mikrofone automatisch sanft um etwa 20 dB abge-

Abb. 13: Dieser schwerhörige Schüler ist mit einem an seine beiden HdO-Hörgeräte angeschlossenen SENNHEISER Mikroport-Empfänger ausgestattet.
(SENNHEISER Werkfoto)

Abb. 14: Hörgeschädigte Kinder, die einerseits bereits im Regelkindergarten mit einer drahtlosen Übertragungsanlage ausgestattet sind, und die andererseists schon im Vorschulalter zum ersten sinnerfassenden Lesen geführt worden sind, meistern erfahrungsgemäß die ersten beiden Grundschuljahre in einer Regelschule recht gut (SENNHEISER Werkfoto)

dämpft, so daß jetzt seine Stimme vorrangig und ungestört von sonstigen akustischen Umweltereignissen wahrgenommen werden kann. Bei dieser Wahrnehmungssituation kann es vor allem in einer unruhigen Klasse gelegentlich vorkommen, daß der hörgeschädigte Schüler seinen Lehrer besser verstehen kann als dies seinen guthörenden Mitschülern möglich ist.

5.9 Erste Hilfe bei kleinen Hörgerätepannen

Obwohl moderne Hörgeräte im allgemeinen von ganz hervorragender Qualität sind und bei sorgfältiger Behandlung über viele Jahre hinweg gute Dienste zu leisten vermögen, kann es durchaus vorkommen, daß es einmal eine kleine Panne gibt. Mit der Befolgung der nachstehend genannten Ratschläge läßt sich in vielen Fällen die Ursache der Panne rasch finden und leicht beheben. Wenn dies allerdings einmal nicht möglich sein sollte, dann müssen die Eltern des Schülers oder dieser selber das Hörgerät unverzüglich zur weiteren Überprüfung und gegebenenfalls auch zur Reparatur dem hierfür zuständigen Hörgeräte-Akustiker-Meister überbringen.

5.9.1 Das Hörgerät nimmt keinen Schall auf

Hörgeräte haben einen Ein-Aus-Schalter, der bei vielen Geräten auch noch die Position »Induktion« (I) bzw. »Telefon« (T) aufweist. Dieser Schalter ist nicht bei allen Hörgeräten einheitlich gekennzeichnet. Wichtig ist, daß dieser Schalter auf der Stellung »Ein« oder »Mikrofon« steht. Ist dies der Fall und das Gerät ist noch immer »tot«, dann kann dies an der Batterie liegen. Wechseln Sie die Batterie aus. Funktioniert das Gerät jetzt, dann wissen Sie, daß die alte Batterie am Ende ihrer Leistungsfähigkeit angelangt war. Es kann aber auch sein, daß die Batterie falsch gepolt eingesetzt war (bei neueren Geräten ist dies jedoch kaum mehr möglich). Das Nichtfunktionieren kann aber auch durch Ohrenschmalz im Kanalausgang des Ohrpaßstückes verursacht sein. Wenn dies zutrifft, kann auch das beste Gerät keinen Schall abgeben. Obwohl die Ohrpaßstück-Hygiene Aufgabe des Schülers bzw. dessen Eltern ist, sollte sein Lehrer wissen, daß sich die Verstopfung des Kanalausgangs mit Hilfe eines sehr feinen Drahtes oder einen kleinen, feinen Bürste, wie man sie für Elektrorasierer kennt, rasch beheben läßt. Wenn die genannten Überprüfungen nicht zur Lösung des Problems führen sollten, muß das Gerät zur weiteren Abklärung dem Hörgeräte-Akustiker übergeben werden.

5.9.2 Das Hörgerät hat einen Wackelkontakt

Wenn ein Hörgerät einen Wackelkontakt aufweist und deshalb nur mit Unterbrechungen arbeitet, dann liegt ein Defekt im Gerät vor, der nur von geschultem Personal entdeckt und behoben werden kann.

5.9.3 Der Lautstärkesteller funktioniert nicht richtig

Wenn der Lautstärkesteller des Gerätes allmählich auf größere Verstärkung aufgedreht wird, dann sollte die Lautstärke im allgemeinen auch ganz allmählich zunehmen. Dies ist z.B. nicht der Fall, wenn das Gerät schon von Anfang an extrem laut verstärkt oder wenn es erst bei Erreichen eines ganz bestimmten Punktes plötzlich sehr laut zu verstärken beginnt. Trifft dies zu, liegt die Ursache sehr wahrscheinlich an einem defekten und darum zu reparierenden Lautstärkesteller.

5.9.4 Das Gerät verstärkt zu schwach

Die Ursache hierfür ist häufig eine fast verbrauchte Batterie. Sollte die Verstärkung allerdings auch nach Einsetzen einer frischen Batterie noch unzureichend sein, dann ist es möglich, daß die Kanalöffnung des Ohrpaßstückes teilweise mit Ohrenschmalz verstopft ist. Schließlich kann die Ursache aber auch daran liegen, daß der kurze Plastikschlauch, der die Verbindung zwischen dem Ohrpaßstück und dem Hörgerät herstellt, beim Aufsetzen des Gerätes geknickt worden ist.

5.9.5 Das Gerät produziert unerwünschte Geräusche

Das Hörgerät scheint wohl zu funktionieren, aber es gibt einen ganz anderen Schall ab als den, den es mit seinem Mikrofon aufnimmt. Vielleicht steht der Ein-Aus-Schalter garnicht auf Stellung »Ein« bzw. »Mikrofon«, sondern auf Stellung »Induktion« bzw. »Telefon«. Dann muß er zunächst einmal in die richtige Stellung gebracht werden. Wenn allerdings das Hörgerät auch dann nur ein »Rauschen« erzeugt, dann kann ein Defekt am Mikrofon vorliegen oder es können irgendwelche Verbindungen beeinträchtigt sein. In diesem Fall muß das Gerät zur Reparatur gegeben werden.

5.9.6 Das Gerät pfeift

Wenn das Hörgerät beim Tragen einen unerwünschten Pfeifton abgibt - man spricht dann von einer sogenannten akustischen Rückkopplung -, dann können hierfür folgende Ursachen verantwortlich sein:

- Das Ohrpaßstück sitzt nicht richtig im Gehörgang. Dann muß es richtig eingesetzt werden.
- Manchmal werden beim Einsetzen des Ohrpaßstückes Haare in den Gehörgang geschoben, die dann einen dicht abschließenden Sitz verhindern. In diesem Fall muß man dafür sorgen, daß die Haare draußen bleiben.

- Das Ohrpaßstück kann aber auch zu klein geworden sein und deshalb nicht mehr luftdicht abschließen. Dann muß ein neues Ohrpaßstück angefertigt werden.
- Das Pfeifen kann aber auch durch ein »Leck« im Plastikschlauch verursacht sein. Dann muß dieser erneuert werden.
- Eine weitere denkbare Fehlerquelle kann eine undichte Stelle zwischen dem Tragehaken und dem Gehäuse des Hörgerätes oder im Gehäuse selbst sein. Diese Fehlerquellen können nur vom Hörgeräte-Akustiker beseitigt werden.

5.9.7 Hinweise für Lehrer

- Machen Sie sich als Lehrer eines hörgeschädigten Schülers mit dessen Hörgeräten vertraut. Bitten Sie seine Eltern, daß sie Ihnen eine Kopie der Bedienungsanleitung für die Hörgeräte zur Verfügung stellen, aus der sie ersehen können, wie das Hörgerät funktioniert und welche Lösungen es für eventuell einmal auftretende Probleme gibt.
- Lassen Sie sich von den Eltern des Schülers eine Packung Ersatzbatterien zur Verfügung stellen. Sie können dann, falls es einmal erforderlich werden sollte, unverzüglich eine verbrauchte Batterie gegen eine frische austauschen.
- Gelegentlich kann es vorkommen, daß ein Hörgerät einen hochfrequenten Pfeifton erzeugt. Es handelt sich dann um das schon erwähnte Rückkopplungspfeifen. In der Regel wird dieses durch einen schlechten Sitz des Ohrpaßstückes im äußeren Ohr verursacht. Es existiert dann kein luftdichter Abschluß mehr. Dies hat zur Folge, daß der durch das Hörgerät verstärkte Schall wieder nach außen drängt und erneut vom Mikrofon des Hörgerätes aufgenommen und dann weiter verstärkt wird. Machen Sie den Schüler darauf aufmerksam, daß seine Hörgeräte »pfeifen«, und bitten Sie ihn, seine Ohrpaßstücke so in den Gehörgang einzusetzen, daß sie fest sitzen. Wenn das Rückkopplungspfeifen auch dann noch anhält, muß der Schüler den Lautstärkesteller zunächst etwas niedriger einstellen. In diesem Fall sollten Sie die Eltern des Schülers verständigen, daß die Ohrpaßstücke möglicherweise nicht mehr dicht abschließen und erneutert werden müssen. Bei Kindern im Wachstumsalter kann eine Neuversorgung mit dicht abschließenden Ohrpaßstücken einmal jährlich notwendig werden. Die Kosten hierfür werden von den Krankenversicherungen bzw. -kassen übernommen.
- Sollten Sie einmal den Eindruck haben, daß der hörgeschädigte Schüler schlechter als sonst hört, dann kann dies nicht nur daran liegen, daß die Batterien seiner Hörgeräte nahezu erschöpft sind, sondern auch daran, daß

die feine Kanalbohrung in den Ohrpaßstücken, durch die der Schall vom Hörgerät verstärkt an das Ohr abgegeben wird, mit Ohrenschmalz verstopft ist. Sollten Sie dies feststellen, müssen Sie die Eltern um Abhilfe bitten. Es ist deren Aufgabe oder die des Schülers, für die notwendige Hörgeräte-Hygiene zu sorgen.

- Eine beobachtete Hörverschlechterung kann selbstverständlich auch einmal eine organische Ursache haben. Die Hörfähigkeit der meisten hörgeschädigten Kinder ist stabil. Bei einigen wenigen kann sie sich verbessern oder, was häufiger einmal der Fall ist, verschlechtern. Eine solche Verschlechterung fällt Ihnen als Lehrer beim Unterricht möglicherweise früher auf als den Eltern zu Hause. Sollten Sie darum beobachten, daß Ihr hörgeschädigter Schüler länger als zwei Tage schlechter hört und diese Verschlechterung anzuhalten scheint, dann teilen Sie dies bitte seinen Eltern mit, damit diese unverzüglich eine Höruntersuchung veranlassen können. Die Hörfähigkeit eines jeden hörgeschädigten Kindes sollte ohnehin einmal im Jahr durch eine eingehende ton- und sprachaudiometrische Untersuchung überprüft werden. Gleiches gilt übrigens für die Hörgeräte. Auch sie bedürfen einer regelmäßigen Inspektion. Die Fachgeschäfte für Hörgeräte-Akustik verfügen über die hierfür erforderlichen Meßgeräte. Diese im allgemeinen einmal jährlich, im Bedarfsfall aber auch öfter durchzuführende Überprüfung der Hörgeräte auf ihre volle Funktionstüchtigkeit erfolgt im Rahmen des Kundendienstes und im Regelfall auch kostenlos.
- Sollte eines der Hörgeräte Ihres hörgeschädigten Schülers einmal einen Defekt haben, müssen die Schülereltern hierüber informiert werden, damit sie sich sofort um ein Ersatzgerät bemühen können.
- Es kann durchaus einmal vorkommen, daß sich ein hörgeschädigtes Kind aus irgendwelchen berechtigten oder auch unberechtigten Gründen weigert, seine Hörgeräte zu benützen. Verständigen Sie auch hierüber seine Eltern, damit diese die Ursache für dieses Verhalten feststellen lassen. Es könnte dies z.B. ein Hautausschlag im Gehörgang sein.
- Lassen Sie es die Eltern Ihres hörgeschädigten Schülers unmißverständlich wissen, daß die Verantwortung für die Hörgeräte und für ihre regelmäßige Wartung nicht Ihre Aufgabe, sondern eben die der Eltern bzw. des Schülers selbst ist.

5.10 Praktische Hinweise für den Einsatz des Sendemikrofons

Das im Kapitel 5.8 unter der Überschrift »mikrofonnahe Zusprache« erwähnte UKW-Übertragungssystem, das auf der Lehrerseite aus einem FM-Sender und einem Richtmikrofon besteht, kann selbstverständlich sowohl richtig als auch falsch zum Einsatz gelangen. Für seinen richtigen Einsatz sollen nachstehend einige Anregungen gegeben werden.

5.10.1 Fallbeispiele

Die Anleitungen werden exemplarisch an Hand typischer Unterrichtssituationen gegeben, für die folgende Abkürzungen gewählt wurden:

L = Lehrer
PA = Pädagogischer Assistent
R = Rektor
X = hörgeschädigter Schüler

Beispiel 1

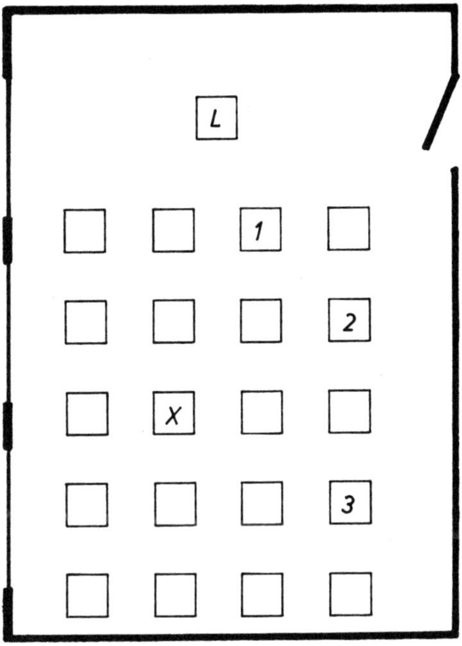

L benützt das Sendemikrofon;
X hört den Lehrer über seinen Empfänger und die Mitschüler über die Mikrofone seiner Hörgeräte;
L fordert Kind 1 und dann Kind 2 auf, je einen Abschnitt aus dem Lesebuch vorzulesen; dann stellt er dem Kind X eine Frage;
X weiß die Antwort nicht;
3 antwortet mit leiser Stimme;
L bestätigt die Richtigkeit der Antwort;
X wird vom Lehrer um Wiederholung der nicht verstandenen Antwort gebeten.

Lösungsvorschlag

Der Lehrer hätte die Antwort des Schülers 3 wiederholen sollen. Außerdem sollte er dem Schüler X einen Sitzplatz zuweisen, von dem aus dieser seine Mitschüler besser beobachten kann. Ferner hätte er das Sendemikrofon während des Vorlesens den Schülern 1 und 2 aushändigen können.

Beispiel 2

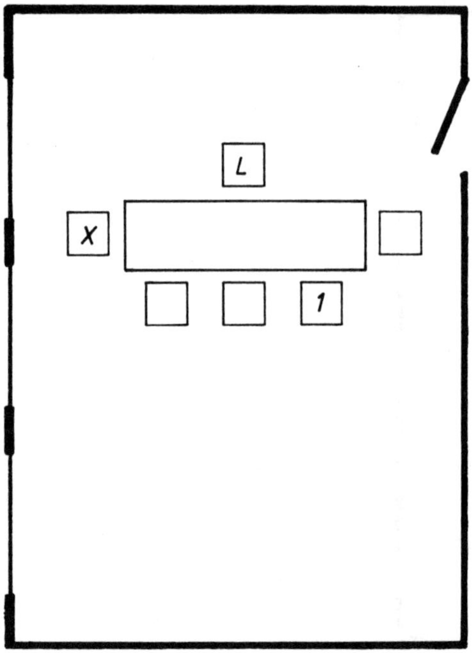

L arbeitet mit einer Lesegruppe von 5 Schülern;
1 wird aufgefordert, aus dem Lesebuch vorzulesen;
X soll dort weiterlesen, wo Schüler 1 aufgehört hat, beginnt jedoch an einer anderen Stelle.

Lösungsvorschlag

Die Situation ist der im Beispiel 1 ähnlich. Diesmals arbeitet der Lehrer allerdings nur mit 5 Schülern. Es ist darum angezeigt, das Sendemikrofon dem jeweils lesenden Kind zu geben. Dies gilt übrigens auch für das hörgeschädigte Kind, dem auf diese Weise eine optimale Selbstwahrnehmung geboten werden kann.

Beispiel 3

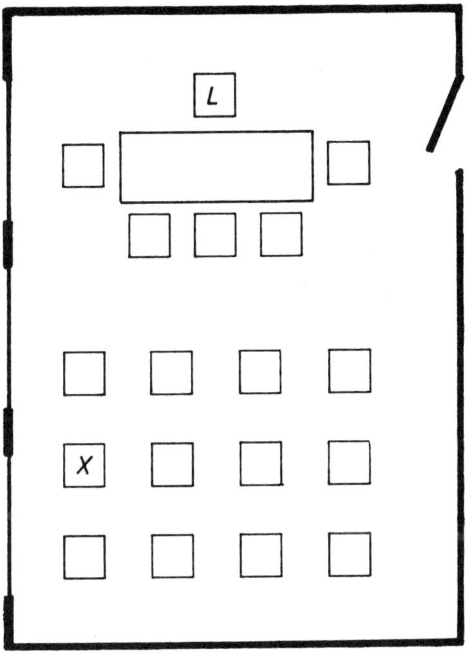

L erteilt einer Gruppe von 5 Schülern Förderunterricht; das Sendemikrofon ist eingeschaltet.

X hat währenddessen mit 14 Mitschülern schriftliche Aufgaben zu erledigen; sein Empfangsgerät ist eingeschaltet.

Lösungsvorschlag

Der Lehrer sollte in dieser Situation das Sendemikrofon und/oder der Schüler sein Empfangsgerät ausschalten. In der hier aufgezeigten Situation hört der hörgeschädigte Schüler nämlich bei der Stillbeschäftigung alles mit, was der Lehrer zu den 5 Schülern der Fördergruppe spricht.

Beispiel 4

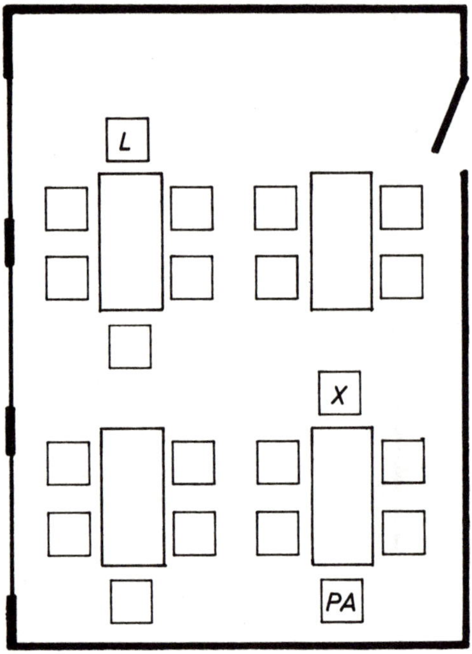

L arbeitet mit einer Gruppe von 5 Schülern und trägt dabei das eingeschaltete Sendemikrofon;

PA arbeitet auch mit einer Gruppe von 5 Schülern, unter ihnen der Schüler X.

Lösungsvorschlag

In diesem Fall wäre es sinnvoll, wenn der Pädagogische Assistent das Sendemikrofon benützen könnte. Auf jeden Fall aber wäre es notwendig, daß es vom Lehrer ausgeschaltet wird, da sonst der Schüler X, gewollt oder ungewollt, am Unterricht der Gruppe des Lehrers teilnehmen kann.

Beispiel 5

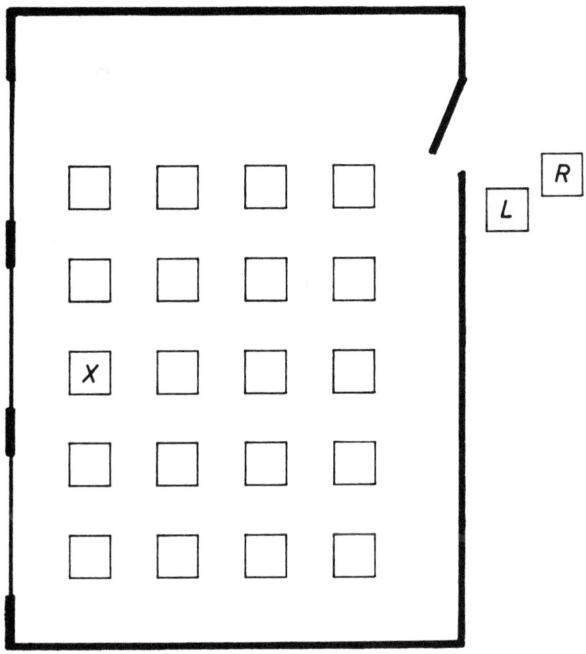

L unterhält sich vor dem Klassenzimmer mit dem Rektor über einen Schüler;

X hört alles mit, was der Rektor und der Lehrer miteinander besprechen, da der Lehrer das Sendemikrofon beim Verlassen der Klasse nicht ausgeschaltet hat.

Lösungsvorschlag

Immer dann, wenn der Lehrer die Klasse verläßt bzw. mit jemandem über Dinge spricht, die von der Klasse nicht zur Kenntnis genommen werden sollen, muß er das Sendemikrofon ausschalten. Wohl können ihn guthörende Schüler nicht mehr verstehen, wenn er sich vor der Tür mit leiser Stimme mit jemandem unterhält. Dagegen kann ihn jedoch der Schüler X noch verstehen, wenn das Sendemikrofon nicht ausgeschaltet worden ist.

Beispiel 6

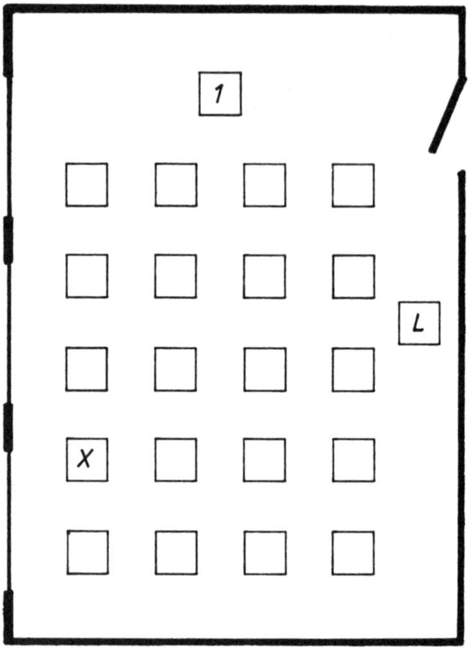

L hat sein Sendemikrofon eingeschaltet und hört einem Referat zu, das Schüler

1 hält; von Zeit zu Zeit unterbricht ihn der Lehrer und kommentiert das Referat bzw. stellt Fragen dazu;

X ist unfähig, darauf zu antworten.

Lösungsvorschlag

In einer solchen Unterrichtssituation ist es erforderlich, daß der Schüler 1 das Sendemikrofon erhält und daß der Lehrer in seiner Nähe Platz nimmt, so daß ihm jeweils dann, wenn er kommentieren oder Fragen stellen will, das Sendemikrofon ohne größere Umstände kurzfristig gereicht werden kann.

Beispiel 7

L bedient einen Dia-Projektor, sein Sendemikrofon ist eingeschaltet; der Kommentar zu den Dias wird von einem Kassettenrecorder abgespielt.

X hat große Schwierigkeiten, den Kommentar zu verstehen.

Lösungsvorschlag

Das Sendemikrofon läßt sich mit einem dazugehörigen Kabel an jeden Tonträger anschließen. Aber auch manche Schülerempfangsgeräte lassen sich auf gleiche Weise an einen Tonträger anschließen. In diesem Beispiel sind sowohl die Mikrofone der Hörgeräte des Schülers als auch das Sendemikrofon des Lehrers viel zu weit vom Lautsprecher des Kassettenrecorders entfernt. Das Sendemikrofon näher an den Kassettenrecorder heranzubringen, ist keine akzeptable Lösung, da dann auch dessen Motorgeräusch mit übertragen und als Störschall in Erscheinung treten würde.

5.10.2 Allgemeine Empfehlungen für den Einsatz eines Sendemikrofons

Das Hauptprinzip, das beim Einsatz eines Sendemikrofons zu beachten ist, heißt, daß immer dann, wenn der Lehrer zur ganzen Klasse oder zu einer Gruppe von Kindern spricht, unter denen sich auch der hörgeschädigte Schüler befindet, das Sendemikrofon eingeschaltet werden muß. Unterrichtet der Lehrer dagegen vorübergehend eine andere Gruppe der Klasse, dann ist das Sendemikrofon auszuschalten. Geschieht dies nicht, besteht für das hörgeschädigte Kind die Möglichkeit, ein eigentlich für es überhaupt nicht bestimmtes Unterrichtsgespräch mitzuhören.

In allen Unterrichtssituationen, in denen dies angezeigt ist, sollte das Sendemikrofon auch von Schülern, die längere mündliche Aussagen zum Unterricht beisteuern, benützt werden. Diese Maßnahme trägt erfahrungsgemäß auch zu einer besseren Sprechdisziplin bei.

Alle wichtigen Beiträge von Schülern, die während ihrer Aussagen das Sendemikrofon nicht benützen, sollten dagegen vom Lehrer aufgefangen, wiederholt und somit verstärkt werden, und zwar nicht nur im Interesse des hörgeschädigten Schülers. Ein solches Lehrerverhalten kommt im allgemeinen der ganzen Klasse zugute, denn nicht jede Schüleraussage wird von allen Schülern auch wirklich gut verstanden.

Das Sendemikrofon des Lehrers und das dazugehörige Empfangsgerät des Schülers werden in der Regel von Akkus gespeist, die bei manchen Geräten nach jedem Unterrichtstag, bei neueren Geräten allerdings nur alle zwei bis drei Wochen, neu aufgeladen werden müssen.

5.10.3 Merksätze für die Benützung eines Sendemikrofons

Selbstverständlich müssen alle Lehrer eines hörgeschädigten Kindes wissen, wie ein Sendemikrofon zu bedienen ist. Diese Informationen werden in der Regel von den Herstellerfirmen zur Verfügung gestellt. Weitaus wichtiger sind für einen Lehrer jedoch Hinweise für den didaktisch richtigen Einsatz des Sendemikrofons. Einige von ihnen sind in den folgenden Merksätzen zusammengefaßt.

- Das Sendemikrofon soll während der Zeit, während der sich der Lehrer an die ganze Klasse wendet, immer eingeschaltet bleiben.
- Erteilt der Lehrer Gruppenunterricht, dann sollte das Sendemikrofon nur dann eingeschaltet bleiben, wenn das hörgeschädigte Kind zu der gerade unterrichteten Gruppe gehört.
- Wendet sich der Lehrer an eine andere Gruppe von Kindern, sollte er das Sendemikrofon ausschalten.

- Gleiches gilt für den Fall, daß der Lehrer innerhalb oder außerhalb der Klasse mit dem Schulleiter, mit Kollegen oder mit Schülereltern ein dienstliches oder auch ein Privatgespräch führt oder sich über einen Schüler unterhält.
- Wenn einzelne Schüler längere Texte vorlesen oder ein Referat halten, sollte das Sendemikrofon vorübergehend an diese Schüler ausgehändigt werden.
- Ist dies aus irgendwelchen Gründen nicht möglich, sollte der Lehrer die wichtigsten Aussagen eines Schülers wiederholen. Dies sollte auch immer dann geschehen, wenn ein Schüler sehr leise oder undeutlich bzw. aus größerer Entfernung vom Sitzplatz des hörgeschädigten Kindes gesprochen hat.
- Bei Schülerversammlungen, Schulfeiern usw., die außerhalb des Klassenzimmers stattfinden, ist im Interesse des hörgeschädigten Schülers ebenfalls an den Einsatz eines Sendemikrofons zu denken.
- Beim Unterricht in Leibeserziehung (z.B. beim Turnen, Schwimmen oder bei Ballspielen) ist es für einen hörgeschädigten Schüler im allgemeinen weder möglich noch ratsam, Hörhilfen zu benützen. In solchen Situationen sind seitens der Lehrkräfte Vorkehrungen zu treffen, um sicherzustellen, daß auch das hörgeschädigte Kind versteht, was es tun soll.
- In besonders lärmerfüllten Unterrichtsräumen, z.B. im Werkraum, wird das hörgeschädigte Kind, sofern seine Hörbeeinträchtiung mit einem Lautheitsausgleich verbunden ist (in diesem Fall hört es sehr laute Schallreize auch ohne Hörgeräte ebenso laut wie ein guthörendes Kind), die Mikrofone seiner Hörgeräte zuweilen ausschalten, um nicht vom Störlärm belästigt zu werden. In einer solchen Situation kann es zuweilen nur noch das wahrnehmen, was ihm vom Lehrer über das Sendemikrofon zugesprochen wird.
- Beim Einsatz audiovisueller Medien sind die Wahrnehmungsbedingungen für das hörgeschädigte Kind im allgemeinen dann am günstigsten, wenn der jeweilige Tonträger direkt mit dem Sendemikrofon verbunden wird. Solange dies der Fall ist, ist der hörgeschädigte Schüler allerdings von der Lehrerzusprache abgeschnitten. Wenn dies zutrifft und der Lehrer während der Vorführung ergänzende Erläuterungen geben möchte, ist es möglicherweise besser, das Sendemikrofon griffbereit in der Nähe des Lautsprechers zu plazieren, so daß es zu jeder gewünschten Zeit vom Lehrer ergriffen werden kann.
- Da es immer wieder einmal vorkommen kann, daß der Lehrer in einer besonderen Situation das Sendemikrofon nicht ein- oder ausgeschaltet hat, sollte er mit dem Schüler ein unmißverständliches Zeichen vereinbaren, mit dem er von diesem darauf aufmerksam gemacht werden kann.

- Jeden Morgen vor Beginn des Unterrichts sollte sich der Lehrer, dem der Unterricht in der ersten Stunde obliegt, davon überzeugen, ob Sendemikrofon und Empfangsgerät einwandfrei funktionieren.

5.11 Beobachtungen und Erfahrungen in Regelschulklassen

5.11.1 Schüler-Lehrer-Interaktion

Es gibt heute nur noch wenige Lehrer, die prinzipiell nicht bereit sind, ein hörgeschädigtes Kind in ihre Klasse aufzunehmen. Wenn dennoch bei manchen Lehrern ein gewisses Unbehagen besteht, dann ist dies in der Regel auf Unsicherheit zurückzuführen. Man weiß nicht so recht, wie man sich einem solchen Kind gegenüber zu verhalten hat.

Soll ein Lehrer ein hörgeschädigtes Kind im Unterricht ebenso oft aufrufen wie einen anderen Schüler? Diese Frage kann nur bejaht werden. Dennoch neigt mancher Lehrer dazu, das hörgeschädigte Kind in seiner Klasse weniger oft aufzurufen, weil er die zusätzliche Mühe scheut, die zur Beseitigung eventueller Mißverständnisse nötig ist. Manches hörgeschädigte Kind wird ein solches Lehrerverhalten sogar dankbar begrüßen, denn es wird ja in Ruhe gelassen und kann seinen eigenen Gedanken nachhängen. Eine derartige falsche Rücksichtnahme kann bei den anderen Schülern Mißfallen erregen und zu Unmutsäußerungen gegenüber dem hörgeschädigten Mitschüler führen. Darum sollte sie nach Möglichkeit garnicht erst aufkommen.

Die Tatsache, daß ein Schüler hörgeschädigt ist und deshalb Hörhilfen benötigt, muß sowohl vom Lehrer als auch vom hörgeschädigten Kind und seinen Mitschülern offen anerkannt werden. Sie läßt sich nicht verbergen und muß darum als eine Gegebenheit hingenommen werden, als ein Beispiel für die Unterschiede, die Menschen als Individuen charakterisieren. Wenn der Lehrer und die Mitschüler den hörgeschädigten Schüler so zu sehen bemüht sind, wird es auch für diesen viel leichter werden, seine Behinderung zu akzeptieren und sich zu ihr zu bekennen.

5.11.2 Die Unterrichtssprache

Die Unterrichtssprache eines Lehrers kann für ein hörgeschädigtes Kind gelegentlich zu schwierig sein. Dies trifft übrigens auch für manche guthörende Kinder zu. So erinnere ich mich noch gut daran, wie ich einmal als Sextaner überhaupt nicht begreifen konnte, was einer meiner Lehrer eigentlich wollte, als er plötzlich zu reden aufhörte und die Klasse fragte: »Wer fährt fort?« (im Sinne von »Wer macht weiter?«).

Nicht alle Lehrer haben während ihres Studiums an Übungen für Sprecherziehung teilgenommen. Ohne sich dessen bewußt zu sein, sprechen sie vielleicht viel zu schnell oder nicht deutlich genug. Andere sprechen einfach weiter, wenn sie der Klasse den Rücken zuwenden und ein Wort oder einen Satz an die Tafel schreiben. Von diesem Sprechen bekommt ein hörgeschädigtes Kind (aber auch manches guthörende Kind) so gut wie nichts mit, und dies gilt sogar für den Fall, daß der Lehrer ein Sendemikrofon benützen sollte, denn durch dieses wird ja auch das beim Schreiben mit der Kreide entstehende Geräusch als Störlärm übertragen.

Um diesem Dilemma zu entgehen, empfiehlt sich – falls vorhanden – der Einsatz eines Tageslichtprojektors. Der Lehrer kann dann ständig der Klasse zugewandt sprechen, was vor allem für hochgradig hörgeschädigte Kinder, die bei der Sprachwahrnehmung auf das zusätzliche Absehen angewiesen sind, wichtig ist. Außerdem entsteht beim Schreiben auf die Folie eines Tageslichtprojektors kein Störlärm, wie dies beim Schreiben mit Kreide auf eine Tafel der Fall sein kann. Aber auch für die Aufrechterhaltung einer guten Unterrichtsdisziplin erweist sich der Einsatz eines solchen Projektors als dienlich, da dann der Lehrer während der gesamten Unterrichtszeit die Klasse im Auge behalten kann.

Schwierigkeiten hat ein hörgeschädigtes Kind aber auch, wenn mitten im Unterricht ohne vorherige Ankündigung das Thema gewechselt wird. In einer solchen Situation muß unbedingt ein entsprechender Hinweis gegeben werden, z.B.: »Wir haben bisher über die deutschen Ostseehäfen gsprochen. Jetzt wollen wir über die deutschen Nordseehäfen sprechen.« Nach Abschluß eines jeden Themas sollten dessen wichtigste Inhalte kurz zusammengefaßt oder wiederholt werden. Beim Einsatz visueller Medien sollten dabei vorkommende neue Begriffe nach Möglichkeit vorher geklärt werden. Eine Berücksichtigung dieser Empfehlungen ist ganz gewiß nicht nur im Interesse des hörgeschädigten Kindes wünschenswert; sie erweist sich oft auch für viele andere Kinder als eine willkommene Hilfe.

Als eine weitere Hilfe zum besseren Verständnis hat sich aber auch eine der Klasse oder doch wenigstens dem hörgeschädigten Schüler zu Beginn des Unterrichts schriftlich mitgeteilte Gliederungsübersicht über den voraussichtlichen Unterrichtsablauf erwiesen. Schließlich sollten auch alle Hausaufgaben an der Tafel angeschrieben werden, um zu gewährleisten, daß die Kinder auch wirklich wissen, was sie zu tun haben. Nur zu oft gehen mündliche Anweisungen in der allgemeinen Unruhe am Ende einer Unterrichtsstunde unter. Hörgeschädigten Erst- und Zweitkläßlern, die noch nicht oder erst sehr langsam schreiben können, müssen sie vom Lehrer in ein Aufgabenheft eingetragen werden.

Vor allem aber sollten auch die Antworten der Kinder, die leise oder undeutlich sprechen oder die weiter entfernt vom hörgeschädigten Kind sitzen, vom Lehrer aufgefangen und noch einmal wiederholt werden. Und wenn es sich dabei nur um ein oder zwei Wörter gehandelt haben sollte, dann ist es angezeigt, die Antwort etwa wie folgt zu erweitern: »Ja, das ist richtig. Stuttgart ist die Hauptstadt von Baden-Württemberg.«

5.11.3 Das hörgeschädigte Kind muß den Anforderungen der Klasse gewachsen sein

Selbstverständlich muß von einem hörgeschädigten Kind in gleicher Weise wie von jedem anderen Mitschüler erwartet werden dürfen, daß es die Lehrplananforderungen für die Klassenstufe der Schulart, in der es unterrichtet wird, auch erfüllen kann. Seine Leistungen müssen so sein, daß sie eine gemeinsame Beschulung mit hörenden Kindern rechtfertigen. Natürlich wird nicht erwartet, daß es in allen Fächern durchschnittliche oder sogar überdurchschnittlich gute Leistungen vollbringt. Es sollte aber auch nicht der schlechteste Schüler der Klasse sein.

Manche hörgeschädigte Kinder benötigen allerdings zusätzliche sonderpädagogische Unterstützung, um den Anforderungen einer Regelschule gerecht werden zu können. Angesichts der in der Untersuchung von Bagus (1983) im Auftrag des Deutschen Grünen Kreuzes nachgewiesenen erheblichen Kosteneinsparungen, die eine Regelbeschulung gegenüber einer Sonderbeschulung mit sich bringt, ist es allein schon aus Gründen der Kostendämpfung mehr als gerechtfertigt, ihm diese zusätzliche sonderpädagogische Unterstützung auch zu gewähren. Die hierfür erforderlichen Aufwendungen machen nur einen Bruchteil dessen aus, was eine Sonderbeschulung kosten würde.

5.11.4 Durchlässigkeit von der Regel- zur Sonderschule und umgekehrt

Die bisher vorliegenden Erfahrungen haben deutlich gezeigt, daß die hörgeschädigten Kinder, welche die notwendigen Voraussetzungen für eine Regelbeschulung erfüllen, im allgemeinen ohne größere Schwierigkeiten die beiden ersten Schuljahre in der Regelschule gut meistern können. Für viele dieser Kinder trifft dies auch noch für das 3. und 4. Schuljahr zu. Dagegen bereitet der Übergang in eine weiterführende Schule (Hauptschule, Gesamtschule, Realschule, Gymnasium) infolge des in diesen Schulen vorherrschenden Fachlehrersystems manchen Kindern größere Schwierigkeiten, wenn häufig auch nur bei einzelnen Lehrern. Es hat sich darum bei manchen Kindern als sinnvoll herausgestellt, nach erfolgreichem Besuch der regulären Grundschule in eine Realschule für hörgeschädigte Kinder und von dort später in ein Aufbaugymnasium für hörgeschädigte Jugendliche überzuwechseln.

5.12 Zusammenfassung: Was ein Regelschullehrer unbedingt wissen sollte

Die vielen Ratschläge und Empfehlungen sowie die Fülle an Informationen, die in den vorausgegangenen Kapiteln angeboten worden sind, könnten manchen Lehrer davon abhalten, sich der Aufgabe mit Zuversicht zuzuwenden, ein hörgeschädigtes Kind in seine Klasse aufzunehmen und schulisch zu fördern. Dazu besteht jedoch erfreulicherweise in der Regel überhaupt kein Anlaß. Im Gegenteil, die meisten Regelschullehrer, die bisher ein solches Kind in ihrer Klasse unterrichtet haben, haben die Erfahrung gemacht, daß ein hörgeschädigter Mitschüler für ihre Klasse sogar eine wirkliche Bereicherung sein kann. Das hat nicht zuletzt seine Ursache auch darin, daß die Eltern, die für ihr hörgeschädigtes Kind eine Regelbeschulung anstreben, im allgemeinen an der schulischen Förderung ihres Kindes sehr stark interessiert und zu einer weit über das übliche Maß hinausgehenden guten Zusammenarbeit mit der Schule bereit sind.

Wenn Sie als Lehrer an einer regulären Grund- oder Hauptschule, an einer Real- oder Gesamtschule, an einer Berufsschule oder einem Gymnasium die nachfolgenden Ratschläge im Rahmen des jeweils Möglichen zu befolgen versuchen und sich, falls erforderlich, den Rat des Sonderpädagogen, der in Ihrem Bezirk als Integrationslehrer für hörgeschädigte Regelschüler tätig ist, einholen, darf nach allen bisher vorliegenden Erfahrungen davon ausgegangen werden, daß Ihnen die Beschulung eines hörgeschädigten Schülers wohl einige zusätzliche Mühe, Ihnen selbst und Ihrer Klasse aber auch viel Freude und großen Gewinn bringen kann. Darum ist es durchaus angezeigt, einen jeden Lehrer, der ein hörgeschädigtes Kind in seine Klasse aufnimmt, das selbstverständlich die hierfür erforderlichen Voraussetzungen mitbringen sollte, zu dieser Entscheidung zu beglückwünschen.

- Wenn Sie ein wenig langsamer und deutlicher als sonst sprechen und gleichzeitig Schreien und übertriebene Mundbewegungen vermeiden, erleichtern Sie nicht nur dem hörgeschädigten Mitschüler das Verstehen; Sie tragen dann auch dazu bei, daß viele Schüler Ihr Vorbild übernehmen und ebenfalls etwas langsamer und deutlicher sprechen.
- Wenn zwei Schüler gleichzeitig sprechen, haben auch Sie als Lehrer oftmals Mühe mit dem Verstehen. Einem hörgeschädigten Schüler geht es nicht besser als Ihnen. Er kann dem Unterrichtsgeschehen im allgemeinen nur dann gut folgen, wenn jeweils nur ein Schüler spricht.

- Wenn ein Schüler unangemeldet zu sprechen beginnt, weiß ein hörgeschädigtes Kind nicht gleich, wer spricht. Bis es den Sprecher identifiziert hat, hat dieser seine Aussage vielleicht schon beendet. Darum ist es gut, wenn Sie einen Schüler, der sich zum Sprechen meldet, mit Namen aufrufen. Dann kann ihn das hörgeschädigte Kind schnell identifizieren. Wünschenswert ist auch, daß der aufgerufene Schüler erst dann zu sprechen beginnt, wenn ihn das hörgeschädigte Kind anschaut. Auch hierfür hat das Vorbild, das Sie der Klasse geben, eine prägende Wirkung.
- Wenn Sie, was Sie von Zeit zu Zeit durchaus tun sollten, dem hörgeschädigten Schüler eine Verständnisfrage stellen, dann sollten Sie dies so geschickt tun, daß sich dieser vor seinen Klassenkameraden nicht in Verlegenheit gebracht sieht.
- Ein Lehrer, der - mit dem Rücken zur Klasse stehend - einen Text an die Wandtafel schreibt und dabei gleichzeitig auch noch spricht, wird vom hörgeschädigten Kind (und zuweilen auch noch von einigen anderen Schülern) oft nicht verstanden. Sprechen Sie darum nach Möglichkeit nur dann, wenn Sie auch Blickkontakt zur Klasse haben.
- Vor allem hochgradig hörgeschädigte Kinder sind darauf angewiesen, das Sprechen ihres Lehrers und ihrer Mitschüler nicht nur zu hören, sondern zusätzlich auch noch von deren Mund abzusehen. Das ist im allgemeinen nur dann gut möglich, wenn das Gesicht des jeweiligen Sprechers nicht beschattet ist. Achten Sie darum darauf, daß das Gesicht eines Sprechenden, sei es das eines Schülers oder das Ihre, möglichst immer der Lichtquelle zugewandt ist.
- Ähnliche Schwierigkeiten bestehen übrigens für ein hörgeschädigtes Kind auch dann, wenn Lehrer oder Mitschüler so stehen oder sitzen, daß sich die künstliche Beleuchtung nur hinter deren Rücken befindet.
- Hochgradig hörgeschädigte Schüler, die trotz guter Hörgeräteversorgung auch noch auf das Absehen vom Mund angewiesen sind, können Ihr Sprechen dann am besten verstehen, wenn Sie aus etwa drei Meter Entfernung vor diesem Schüler stehend oder sitzend sprechen.
- Das Absehen vom Mund wird erleichtert, wenn Sie dann, wenn Sie die Klasse unterrichten, nicht im Klassenzimmer herumgehen. Der hörgeschädigte Schüler hat bessere Chancen, Sie gut zu verstehen, wenn Sie während Ihres Vortrags - als ruhender Pol - an Ihrem Platz stehen oder sitzen bleiben.
- Wenn Sie einen Text vorlesen, ist es wichtig, daß Sie dabei das Buch oder die Zeitschrift so halten, daß Ihr Mund dadurch nicht verdeckt wird.
- Wenn Sie während des Unterrichts die Schüler auffordern, ein Lehrbuch zu öffnen, entsteht fast immer Unruhe. Der hörgeschädigte Schüler, aber auch mancher andere Schüler, kann dann in einer solchen Situation die

von Ihnen angegebene Seitenzahl nicht verstehen. Schreiben Sie diese darum immer an die Tafel. Dann gibt es keine Mißverständnisse, Rückfragen und weitere Unruhe.

- Der Einsatz visueller Medien ist nicht nur für den hörgeschädigten Schüler eine Hilfe zum besseren Verstehen. Bei ihrer Bedienung sollten Sie als Lehrer jedoch nicht gleichzeitig auch noch sprechen. Wenn Sie nämlich auf das Gerät schauen, ist es für den hörgeschädigten Schüler kaum möglich, Ihnen auf den Mund zu blicken. Wichtig ist aber auch, daß die Schüler erst einmal Zeit erhalten, den ihnen z.B. auf der Folie eines Tageslichtprojektors angebotenen Text zu lesen, bevor darüber zu sprechen begonnen wird.
- Vor allem die hörgeschädigten Schüler, die auf das zusätzliche Absehen vom Mund angewiesen sind, haben Schwierigkeiten, den Inhalt eines Tonfilms zu verstehen. In einem solchen Fall ist es hilfreich, dem hörgeschädigten Schüler vorher schriftliche Informationen über den Inhalt des Filmes auszuhändigen.
- Wenn ein Film vorgeführt wird oder Dias gezeigt werden, müssen Sie das Klassenzimmer abdunkeln. Bedenken Sie dabei, daß es in einer solchen Situation für einen hörgeschädigten Schüler kaum möglich ist, bei Ihnen und seinen Mitschülern vom Mund abzusehen.
- Es hilft allen Ihren Schülern, wenn Sie die Schlüsselbegriffe eines Unterrichtsthemas gut sichtbar auf die Folie eines Tageslichtprojektors oder an die Wandtafel schreiben.
- Auch ein stichwortartiger Anschrieb des geplanten Unterrichtsablaufs etwa auf die Folie eines Tageslichtprojektors oder an die Tafel hilft allen Schülern, das behandelte Thema besser zu verstehen und sich den neuen Unterrichtsstoff leichter einzuprägen.
- Gleiches gilt auch für gut vorbereitete und vor Beginn des Unterrichts oder während seines Verlaufs ausgehändigte Arbeitsblätter.
- Eine weitere wichtige Verständnishilfe kann für den hörgeschädigten Schüler auch eine von Ihnen für ihn angefertigte Kopie Ihres Unterrichtsentwurfs sein.
- Hausaufgaben sollten jeweils für alle Schüler gut sichtbar an die Wandtafel geschrieben werden. Einem hörgeschädigten Schulanfänger, der noch nicht schreiben kann, sind sie in ein vom ihm mitgebrachtes Aufgabenheft einzutragen.
- In den oberen Klassen einer Realschule oder eines Gymnasiums kann es für einen hörgeschädigten Schüler eine große Erleichterung bedeuten, wenn ihm von zwei Mitschülern Kopien ihrer Unterrichtsnotizen ausgehändigt werden können.
- Für das Selbstwertgefühl eines hörgeschädigten Kindes - gleich welcher Altersstufe - erweist es sich als dienlich, wenn z.B. im Deutschunterricht

Biographien bedeutender hörgeschädigter Personen oder im Physikunterricht Hörgeräte behandelt werden.

- Der hörgeschädigte Schüler muß von seinem Sitzplatz aus den Lehrer und die Wandtafel gut sehen und sich gegebenenfalls auch leicht jedem sprechenden Mitschüler zuwenden können.
- Es stimmt nicht, daß ein hörgeschädigtes Kind dann dem Unterrichtsgeschehen am besten folgen kann, wenn es in der ersten Reihe sitzt. Dort kann es vielleicht den in der Regel mit kräftigerer Stimme sprechenden Lehrer gut verstehen, nicht aber die zuweilen viel schwächeren Stimmen seiner Mitschüler, die z.T. viele Meter von ihm entfernt sitzen und denen es, weil sie hinter ihm sitzen, nicht auf den Mund schauen kann.
- Die folgenden Abbildungen, die einer Veröffentlichung des Schweizer Pädaudiologen Josef Weissen (1981) entnommen sind, verdeutlichen sehr gut, welche Gesichtspunkte bei der Sitzplatzwahl für ein hörgeschädigtes Kind zu beachten sind.

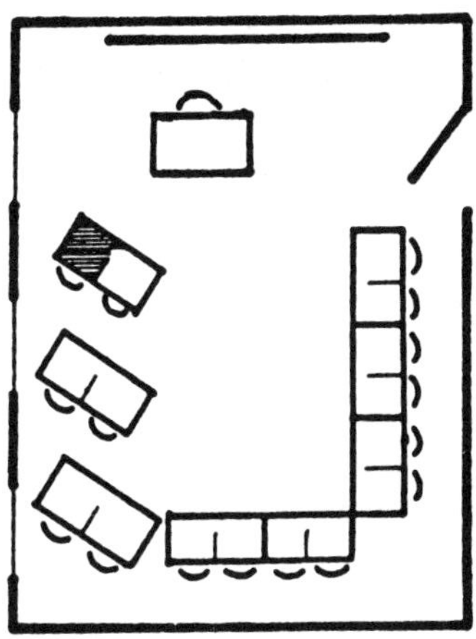

Bild 1

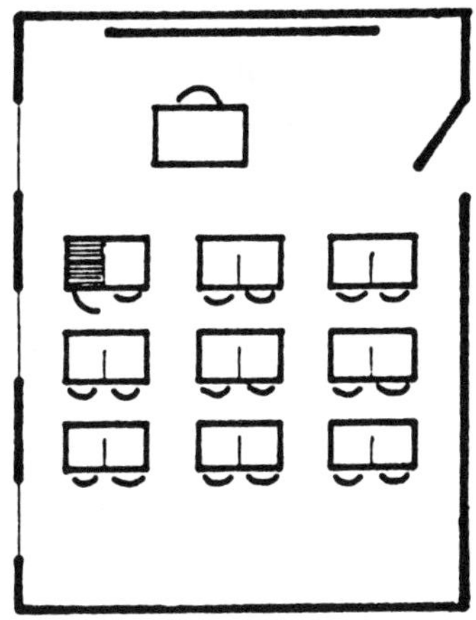

Bild 2

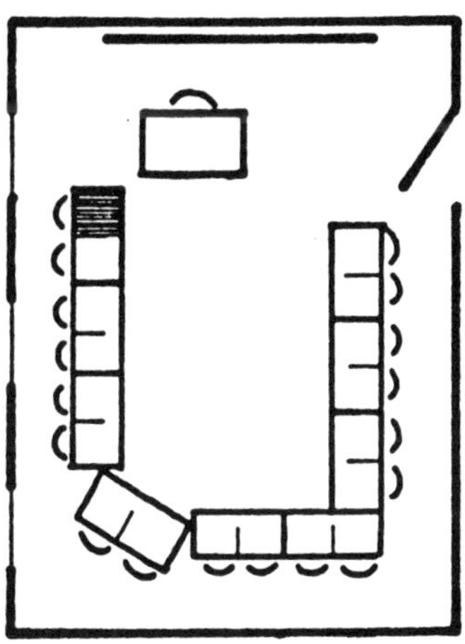

Bild 3

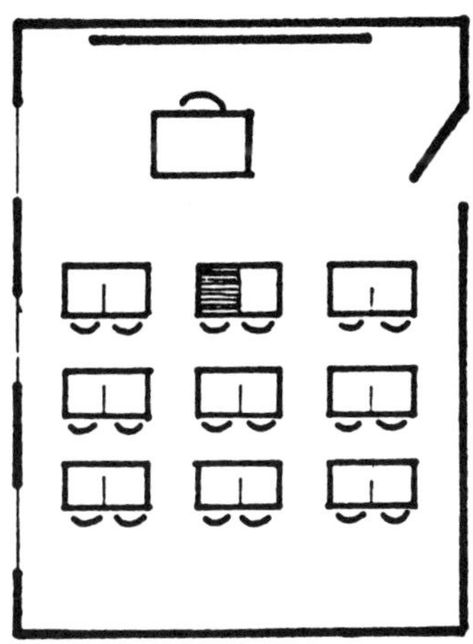

Bild 4

Bild 1: Dies ist die empfehlenswerteste Lösung für das Sitzplatzproblem.

Bild 2: Diese Lösung empfiehlt sich für alle die Lehrer, die an der konventionellen Sitzplatzordnung festhalten wollen oder müssen.

Bild 3: Diese Lösung ist nicht zu empfehlen, weil das hörgeschädigte Kind bei seinen Mitschülern in der Fensterreihe nicht oder nur von der Seite auf den Mund schauen kann.

Bild 4: Diese Lösung ist abzulehnen, weil bei ihr für das hörgeschädigte Kind keinerlei Möglichkeit besteht, seinen Mitschülern auf den Mund zu schauen.

Vielleicht werden Sie, wenn Sie an dieser Stelle des Buches angekommen sind, feststellen, daß Sie eigentlich nahezu alles, was in diesem Kapitel zusammenfassend empfohlen worden ist, in Ihrem bisherigen Unterricht schon immer weitgehend als etwas ganz Selbstverständliches beachtet haben und daß Ihnen darum eigentlich kaum etwas grundlegend Neues mitgeteilt worden ist. Und diese Feststellung dürfte sogar zutreffen, denn fast alles, was für ein hörgeschädigtes Kind notwendig ist, um im Unterricht einer Regelschule mitkommen zu können, sollte eigentlich auch in jedem guten Unterricht beachtet werden.

Und dennoch besteht ein wichtiger Unterschied. Wird nämlich dieser oder jener Gesichtspunkt im allgemeinen Unterricht einmal weniger strikt befolgt, dann muß dies noch nicht gleich zu Pannen führen. Sitzt allerdings ein hörgeschädigtes Kind in Ihrer Klasse, dann kann die Nichtbefolgung dieser oder jener Empfehlung zuweilen bereits unerwünschte Folgen haben.

6.0 Worauf Eltern zu achten haben, wenn sie für ihr hörgeschädigtes Kind einen Regelschulbesuch anstreben

6.1 Zwischen hörgeschädigten Kindern bestehen große Unterschiede

Hörgeschädigte Kinder bilden eine sehr heterogene Gruppe. So bestehen zwischen diesen Kindern nicht nur erhebliche Unterschiede im Hinblick auf die Art, den Grad, die Stabilität und den Zeitpunkt des Eintritts der Hörschädigung, sondern auch im Hinblick darauf, wann die Hörschädigung diagnostiziert worden ist, wann und wie die erste Hörgeräteversorgung erfolgt ist, welche Förderung die Kinder von Eltern und Therapeuten erfahren haben und ob noch weitere Behinderungen vorliegen oder nicht. Darum kann es für hörgeschädigte Kinder verständlicherweise auch kein einheitliches schulisches Angebot geben.

6.2 Viele können eine Regelschule, manche müssen eine Sonderschule besuchen

Viele hörgeschädigte Kinder können heute dank Vorliegens günstiger Voraussetzungen mit gutem Erfolg eine Regelschule besuchen. Dies gilt vor allem für die hörgeschädigten Kinder, die frei von Zusatzbehinderungen sind und denen von klein auf eine gute Hör-Spracherziehung (auditiv-verbale Erziehung, hörgerichteter Spracherwerb) zuteil geworden ist. Für manche hörgeschädigte Kinder erweist sich dagegen noch immer die herkömmliche Sonderschule als der für sie bessere pädagogische Ort. Hier ist vor allem an hörgeschädigte Kinder mit schwerwiegenden Zusatzbehinderungen sowie an solche Kinder zu denken, deren Eltern die deutsche Sprache nicht oder nur unzureichend beherrschen oder die aus anderen Gründen ihrem hörgeschädigten Kind keine häusliche Hör-Spracherziehung bieten können.

Wenn dem aber so ist, dann muß bei jedem hörgeschädigten Kind individuell überlegt und geprüft werden, wo es aller Voraussicht nach schulisch besser vorankommen wird: in einer wohnortnahen Regelschule und damit auch bei einem vollem Verbleib in der Familiengemeinschaft oder in einer zuweilen heimatfernen und damit oft mit einer Heimunterbringung oder mit pädagogisch kaum noch zu verantwortenden langen Schul- oder Taxifahrten verbundenen Sonderschule.

6.3 Nicht alle Hörgeschädigtenpädagogen befürworten eine Regelbeschulung

Da die Erfahrung immer wieder zeigt, daß die Meinungen der Hörgeschädigtenpädagogen darüber, wo ein hörgeschädigtes Kind schulisch voraussichtlich besser gefördert werden kann, nur selten einmal übereinstimmen, und Eltern häufig noch nicht wissen, worauf es bei der Entscheidung, für ihr hörgeschädigtes Kind eine geeignete Regelschule ausfindig zu machen, ankommt, soll nachstehend kurz aufgezeigt werden, worauf hierbei vor allem zu achten ist.

6.4 Kriterien, die als Richtschnur dienen können

Die nachstehend eigens für Eltern zusammengestellte Übersicht über einige wichtige Kriterien, die es bei der Einschulung eines hörgeschädigten Kindes in eine Regelschulklasse zu bedenken gilt, darf selbstverständlich nur als eine allgemeine Richtschnur angesehen werden. Niemals werden ein hörgeschädigtes Kind, die für seine Beschulung vorgesehene Regelschule und die es dort einmal unterrichtenden Lehrkräfte alle weiter unten angeführten Kriterien von vornherein erfüllen. Es wäre völlig utopisch, dies zu erwarten. Wir leben nun einmal nicht in einem pädagogischen Paradies. Dies gilt übrigens nicht nur für Regelschulen, sondern auch für Sonderschulen.

Dennoch kann aufgrund jahrzehntelanger Erfahrung mit der Beschulung hörgeschädigter Kinder sowohl in Regel- als auch in Sonderschulen gesagt werden, daß die Wahrscheinlichkeit, daß ein hörgeschädigtes Kind in der von ihm besuchten Regelschule erfolgreich am Unterricht teilnehmen wird, um so größer sein wird, je mehr der angegebenen Kriterien als positiv vorhanden angekreuzt werden können.

6.5 Viele Regelschullehrer sind bereit, sich neuen Herausforderungen zu stellen

Pädagogen sind jedoch nicht nur Lehrer. Sie lehren nicht nur, wie manche Eltern meinen, sondern sie sind selbst auch lernfähig und in einem hohen Maße bereit, sich neuen Herausforderungen zu stellen. Sie benötigen hierfür allerdings gewisse Hilfen. Diese werden ihnen in der Regel nach Eingliederung eines hörgeschädigten Kindes in eine ihrer Klassen von einem ambulanten Hörgeschädigtenpädagogen, der als Integrationslehrer eingesetzt ist, angeboten. Aber auch Eltern können hierfür Hilfen anbieten, denn sie wissen aufgrund ihres jahrelangen Einsatzes in der vorschulischen Hör-Spracherziehung, worauf es bei der lautsprachlichen Kommunikation mit einem hörgeschädigten Kind vor allem ankommt.

Eltern sollten die Kriterien in der nachfolgenden Übersicht möglichst gemeinsam mit dem Vorschulpädagogen und/oder der Therapeutin, die ihr hörgeschädigtes Kind vielleicht schon seit Jahren regelmäßig mit der Zielsetzung fördern, es möglichst so voranzubringen, daß es bei Erreichen des schulpflichtigen Alters wenigstens für die Grundschuljahre eine Regelschule besuchen kann, von Zeit zu Zeit Punkt für Punkt durchgehen. Hiermit sollte bereits während der Zeit des Besuchs eines Regelkindergartens, spätestens aber ein Jahr vor der Einschulung begonnen werden. Aber auch die Vorbereitung eines hörgeschädigten Kindes auf den Regelschulbesuch muß schon früh beginnen. Der ideale Zeitpunkt hierfür ist im allgemeinen mit dem Eintritt in einen Regelkindergarten identisch.

6.6 Es gibt keine endgültige, objektiv völlig richtige Entscheidung

Eltern und Pädagogen müssen aber auch wissen: wie immer ihre einmal einzeln oder gemeinsam getroffene Entscheidung auch ausfallen mag, sei es für die Regelschule oder für die Sonderschule, jede dieser Entscheidungen kann sowohl richtig als auch falsch sein. Es gibt für ein Kind zu keinem Zeitpunkt eine objektiv völlig richtige Entscheidung. Das gilt sowohl für guthörende als auch für hörgeschädigte Kinder.

Und auch das sollten Eltern wissen: eine gewisse Vorsicht ist zuweilen dann am Platz, wenn der sie beratende Hörgeschädigtenpädagoge dem Lehrkörper einer Sonderschule angehört. Wie der Direktor einer großen deutschen Schwerhörigenschule einmal ganz offen in einem längerem Beitrag in einer führenden deutschen Wochenschrift geschrieben hat (Keller 1982), neigen manche Sonderschulen dazu, ihre Schülerzahlen möglichst in die Höhe zu treiben, da deren Größe u.a. einen Einfluß auf die Höhe der Besoldung des Schulleiters habe.

6.7 Kriterien für die Entscheidungsfindung

Aufgabe der nachstehenden Liste ist es, Eltern zu helfen, die in erster Linie von ihnen zu treffende Entscheidung darüber, wo ihr hörgeschädigtes Kind beschult werden soll, anhand vorgegebener Kriterien zu erleichtern. Da schon heute in den deutschsprachigen Kantonen der Schweiz und in den alten Ländern der Bundesrepublik Deutschland die überwiegende Zahl aller hörgeschädigten Kinder im schulpflichtigen Alter eine Regelschule besucht, sind die nachstehenden Kriterien zunächst im Hinblick auf die Regelschule zusammengestellt. Sie gelten selbstverständlich in gleicher Weise auch für die Sonderschule. Auch diese sollte von Eltern nicht übersehen und gleich kritisch wie die Regelschule betrachtet werden. Darum empfiehlt sich aber auch, vor allem die unter den Überschriften »Schule« und »Lehrer« angeführten Kriterien an Ort und Stelle durch Klassenbesuche zu beurteilen. Auch wenn hierbei von Eltern ganz gewiß keine objektiven Daten gewonnen werden können, so vermitteln ihnen solche Besuche dennoch gewisse Anhaltspunkte für die Beurteilung. Hilfreich können aber auch Gespräche mit anderen Eltern sein, deren Kinder Schüler der besuchten Klasse(n) sind.

Keine Entscheidung ist endgültig. Vor allem dann, wenn Eltern ungute Gefühle haben, sollten sie sich nicht scheuen, diese bei der Lehrkraft und/oder der Schulleitung in den eigens hierfür angesetzten Sprechstunden zur Sprache zu bringen. Deren Reaktion hierauf kann für die Meinungsbildung zuweilen sehr wichtig sein.

6.7.1 Die Schule

Das Schulgebäude

- Ist die Raumgröße für das Lernen förderlich?
  (ein zu großes, zu hohes Zimmer kann sehr hallig sein;
  in einem zu kleinen Zimmer ist es oft zu laut)
- Wieviele Fenster hat das Zimmer?
  Auf welcher Seite und wie groß sind sie?
  (zu große Fensterflächen reflektieren viel Schall und haben darum einen negativen Einfluß auf die Raumakustik)
- Verfügt das Schulzimmer über eine gute Beleuchtung?
  (ungünstig angebrachte Lampen können z.B. das Absehen vom Mund beeinträchtigen)

Die Raumakustik

- Welchen Bodenbelag hat das Schulzimmer?
  (optimal ist ein strapazierfähiger Teppichboden)
- Welchen Bodenbelag haben die Korridore?
- Ist die Decke des Schulzimmers mit schallabsorbierendem Material versehen?
- Haben die Fenster Sonnenblenden, Markisen, Vorhänge?
  (diese absorbieren Schall bzw. reduzieren Ablenkungen der Schüler)
- Sind an den Wänden Kork- oder Anschlagtafeln angebracht?
  (sie können zur Reduzierung von Nachhall beitragen)

Der Störschall

- Wie hoch ist dieser im Klassenzimmer?
  (hier ist nicht nur an den Störpegel zu denken, der von den Schülern ausgeht, sondern auch an den, der durch Heizkörper, Ventilatoren, Aquarien, technische Geräte usw. entsteht)
- Wie hoch ist dieser auf den Korridoren?
  (hier ist gegebenenfalls auch an den Störlärm zu denken, der beim Öffnen und Schließen von Schrankschließfächern entsteht)

- Wie hoch ist dieser außerhalb des Schulgebäudes?
  (Verkehrslärm, Schulhoflärm, usw.)

Weitere Überlegungen/Fragestellungen

- Werden verschiedenartige visuelle Hilfen benützt? Welche?
- Wie viele Schüler werden in der Klasse unterrichtet?
- Wie groß ist die durchschnittliche Entfernung vom Lehrer zu den Schülern?
- Verfügt das Schulzimmer über eine Lautsprecheranlage?
  (falls ja: werden Durchsagen mit einem akustischen Signal angekündigt?)

6.7.2 Die Lehrkraft

Der Unterrichtsstil

- Bietet die Lehrkraft den Schülern ein gutes Sprachvorbild?
- Wie vermittelt sie Wissen?
  (spricht sie hierbei mit Blickrichtung auf die Klasse oder läuft sie hierbei ständig hin und her?)
- Wie steht es mit ihren Sprechfertigkeiten?
  (Aussprache, Sprechdeutlichkeit, Sprechgeschwindigkeit, Stimmstärke, Tonfall, Rhythmus, Gesichtsausdruck, usw.)
- Sind ihre Anweisungen für die Schüler verständlich?
  (muß sie diese oft wiederholen?)
- Trägt der Lehrer einen Bart, die Lehrerin eine Frisur, die das Absehen vom Mund beeinträchtigen können?

Weitere Beobachtungspunkte

- Wie steht die Lehrkraft dazu, eventuell einen hörgeschädigten Schüler in die Klasse aufnehmen zu sollen?
- Ist sie bereit und fähig, mit den Eltern zusammenzuarbeiten?
- Hat sie bereits einmal ein hörgeschädigtes Kind unterrichtet?
- Ist sie schon mit den Problemen vertraut, die ein hörgeschädigtes Kind im Unterricht stellen kann?
- Verfügt sie bereits über ein Basiswissen über individuelle Hörgeräte, Cochlear Implantate und FM Systeme?
- Wie ist ihre Grundeinstellung zu Fragen der Klassenführung und zur Disziplin?
- Gibt es an der Schule pädagogische und therapeutische Hilfskräfte? (z.B. Schulassistenten, Tutoren, Lautsprachdolmetscher, Logopäden)

6.7.3 Einstellung der Schule zu behinderten Kindern

- Gibt es an der Schule andere Kinder mit besonderen pädagogischen Bedürfnissen?
- Sind der Klassenlehrer und die Schulleitung damit einverstanden, ein hörgeschädigtes Kind aufzunehmen?

6.7.4 Das hörgeschädigte Kind

Wie geht es mit seinem Hörverlust um

- Wie verhält es sich, wenn es etwas nicht hört/versteht?
  (macht es den Sprecher darauf aufmerksam, bittet es ihn um Wiederholung?)
- Welche Einstellung hat es gegenüber seiner Hörbeeinträchtigung?

Wie geht es mit seinen Hörhilfen um

- Kann es seine Hörgeräte allein aufsetzen und in Betrieb nehmen?
- Wird es ihm bewußt, wenn eine Batterie leer ist?
- Kann es die Batterien selbst auswechseln?

Wie beurteilen Sie

(im Vergleich mit hörenden Freunden/Mitschülern)

- seine Aufmerksamkeitshaltung?
- sein Hörverhalten in ruhiger Umgebung?
- sein Hörverhalten in unruhiger Umgebung?
- seine soziale und emotionale Reife?
- seine Kommunikationsfertigkeiten in folgenden Bereichen:
  - im Sprechen?
  - im mündlichen Ausdruck?
  - im Verstehen seiner Erzieherin/seines Lehrers?
  - im Verstehen seiner Spielkameraden/seiner Mitschüler?
  - im sinnerfassenden Lesen?
  - im Schreiben?
  - im schriftlichen Ausdruck?

Weitere Faktoren beim hörgeschädigten Kind

- seine körperliche Entwicklung?
- sein Gesundheitszustand?
- seine Intelligenz?
- sein Spielen?
- seine soziale Akzeptanz bei Spielkameraden/Mitschülern?
- seine Selbständigkeit?
- seine Beziehungen zu Geschwistern?

6.7.5 Sonderpädagogische, therapeutische, psychologische Dienste

Welche sonderpädagogischen und/oder therapeutischen Angebote kann die Schulbehörde bei Bedarf für ein hörgeschädigtes Kind zur Verfügung stellen?

- Kommt regelmäßig ein ambulanter Hörgeschädigtenpädagoge? (wird er von einer Sonderschule entsandt oder von einer davon unabhängigen Einrichtung?)
- Gibt es an der Schule eine Logopädin/einen Sprachbehindertenpädagogen? (manche hörgeschädigte Kinder benötigen zur Beseitigung eventuell noch vorhandener Sprechfehler logopädische Hilfe, die, falls an der Schule keine Logopädin tätig ist, auch von einer frei praktizierenden Logopädin auf entsprechende fachärztliche Verordnung erteilt werden kann)
- Können Tutoren/Förderpädagogen in Anspruch genommen werden?
- Gibt es (in weiterführenden Schulen) für bestimmte Fächer gegebenenfalls einen Lautsprachdolmetscher?

6.8 Das vorschulische Lesenlernen ist eine wichtige Voraussetzung für einen erfolgverheißenden Regelschulbesuch

Manche Eltern werden überrascht gewesen sein, daß sie nach den Lesefertigkeiten ihres hörgeschädigten Kindes, das ja noch garnicht zur Schule geht, gefragt werden. Die Erfahrung hat jedoch gezeigt, daß diejenigen hörgeschädigten Kinder, die bei Erreichen des schulpflichtigen Alters bereits lesen konnten, im allgemeinen wenigstens während der Grundschuljahre in einer Regelschule mit anderen Kindern besonders gut Schritt halten konnten. Darum legen alle die Hörgeschädigtenpädagogen, die es sich zur Aufgabe gestellt haben, möglichst viele hörgeschädigte Kinder auf den Besuch einer Regelschule vorzubereiten, großen Wert darauf, daß diese Kinder möglichst schon im Elternhaus zum ersten sinnerfassenden Lesen geführt werden. Das vorschulische Lesenlernen ist, wie ich an anderer Stelle aufgezeigt habe (Löwe 1991, 1994), ein unverzichtbarer Bestandteil der frühen Hör-Spracherziehung. Wenn Eltern von Sonderpädagogen abgeraten wird, ihr hörgeschädigtes Kind schon im Vorschulalter zum ersten Lesen zu befähigen, dann geschieht dies oft mit der dann allerdings unausgesprochen bleibenden Absicht, die Entscheidung zugunsten eines Regelschulbesuchs zu erschweren, wenn nicht sogar zu vereiteln.

6.9 Die frühe Hör-Spracherziehung ist entscheidend dafür, welche Schule ein hörgeschädigtes Kind besuchen kann

Die in der vorstehenden Übersicht genannten Kriterien dürfen und sollen nicht falsch verstanden werden. Sie müssen nicht in allen Punkten erfüllt sein. Rein formal gesehen ist das sogar nicht einmal nötig, denn erfreulicherweise haben Eltern in allen alten und auch in den neuen Bundesländern und in allen Kantonen der Schweiz ein Anrecht darauf, daß ihr hörgeschädigtes Kind in eine reguläre Grundschule aufgenommen wird. Die Ständige Konferenz der Kultusminister der Länder der Bundesrepublik Deutschland hat dies z.B. auf einer Sitzung im Frühsommer 1994 für alle deutschen Länder klar und unmißverständlich zum Ausdruck gebracht. Eltern dürfen sich notfalls auf diese Empfehlung berufen.

Dennoch ist es nach den Erfahrungen im allgemeinen nicht klug, gleich von Anfang an bei der Erstvorstellung eines hörgeschädigten Kindes in einer Regelschule auf sein Recht zu pochen. Klüger ist es, zunächst für die Aufnahme eines hörgeschädigten Kindes in die Regelschule zu werben. Dieses »Werben« wird vor allem dann zu einem raschen Erfolg führen, wenn das hörgeschädigte Kind auf den Besuch einer Regelschule bereits zielgerichtet vorbereitet worden ist.

Ein Schulleiter einer regulären Grundschule ist im allgemeinen gern bereit, einer Aufnahme eines hörgeschädigten Kindes zuzustimmen, wenn dieses Kind nicht nur schon verständlich sprechen und ihn verstehen, sondern auch schon lesen kann. Darum ist die beste Vorbereitung eines hörgeschädigten Kindes auf den Besuch einer Regelschule immer eine früh begonnene und konsequent gebärdenfrei durchgeführte Hör-Spracherziehung.

7.0 Nachwort

Integrierte Beschulung ist ein Abenteuer ...

Wie in den Kapiteln 4 und 6 unmißverständlich ausgesagt worden ist, ist es keinesfalls möglich, alle hörgeschädigten Kinder gemeinsam mit hörenden Kindern zu beschulen.

Dies gilt ganz besonders für gehörlose Kinder, die nicht schon im frühen Kindesalter mit einem Cochlear Implantat versorgt worden sind und denen kein frühes Hör-Spracherziehungs-Angebot zuteil geworden ist. Diese Kinder benötigen weiterhin mehrheitlich eine ganz auf ihre spezifischen Bedürfnisse ausgerichtete sonderpädagogische Beschulung durch qualifizierte Gehörlosenlehrer in kleinen Klassen, mögen diese in einer Sonderschule oder in einem Gebäude einer Regelschule zu finden sein. Nur für eine »Elite«, also eine Auslese aus der Gruppe der nicht frühimplantierten gehörlosen Kinder, ist es bei Vorliegen günstiger Bedingungen möglich, gemeinsam mit hörenden Kindern in einer Klasse unterrichtet und dann aber auch zu sprachlichen und schulischen Leistungen befähigt zu werden, die sie unter den in einer herkömmlichen Gehörlosenschule gegebenen Umweltbedingungen in der Regel überhaupt nicht erreichen könnte.

Aber auch für zusätzlich behinderte schwerhörige Kinder ist eine gemeinsame Beschulung mit hörenden Kindern nur schwer zu realisieren.

Daraus darf allerdings nicht abgeleitet werden, daß die gemeinsame Beschulung derjenigen hörgeschädigten Kinder zusammen mit hörenden Kindern, für die nach sorgfältiger Abwägung aller hierbei zu bedenkenden Faktoren eine solche Beschulung in Erwägung gezogen werden kann, auch in jedem Fall zu einem guten Ende führt. Gleiches gilt übrigens aber auch für die Sonderbeschulung hörgeschädigter Kinder. Sie führt keinesfalls, wie häufig angenommen wird, in jedem Fall zu einem befriedigenden Schulabschluß. Sie kann, wie schon manche Eltern feststellen mußten, durchaus auch mit einem Fiasko enden.

Mit anderen Worten: weder die Regelschule noch die Sonderschule ist für ein hörgeschädigtes Kind ein pädagogisches »Disneyland«. Beide sind ein Abenteuer, das das hörgeschädigte Kind und seine Eltern zu bestehen haben. Beide haben Vor- und Nachteile, die vor allem von den Eltern gut bedacht sein wollen. Ein Abenteuer ist immer mit Risiken verbunden, von denen man, bevor man sie bestanden hat, nicht weiß, ob sie zu einem positiven oder negativen Ende führen werden. So kann die Regelschule bei Gewährleistung einer engen Zusammenarbeit zwischen Elternhaus, Schule und Sonderpädagogik (die übrigens keinesfalls immer als Sonderschulpädagogik verstanden werden sollte) dem hörgeschädigten Kind die Möglichkeit bieten, gemeinsam mit hörenden Kindern aufwachsen und ständig von deren reicheren Sprache profitieren zu können. Sie kann aber auch, wenn die erforderlichen sonderpädagogischen Hilfen von uneinsichtigen Stellen verweigert werden (das ist leider in manchen Bezirken noch immer der Fall), zu einer Überforderung des Kindes und damit schließlich zu einer Enttäuschung auf seiten aller Beteiligten führen.

Bei der Sonderschule sind die Risiken für manches hörgeschädigte Kind eher seitenverkehrt zu sehen. Die Sonderschule bedeutet infolge mangelnder Differenzierungsmöglichkeiten, die sich übrigens angesichts der sich allmählich verringernden Zahl vor allem hochgradig hörgeschädigter Kinder eher verschlechtern als verbessern werden, für viele im Vorschulalter sehr gut geförderte Kinder schulisch eher eine Unterforderung als eine Überforderung und beschränkt die Sozialkontakte auf eine sehr kleine Zahl ebenfalls hörgeschädigter Kinder.

Die hörgeschädigten Kinder, die sich eher für eine integrierte Beschulung empfehlen, haben im allgemeinen bereits bei Erreichen des schulpflichtigen Alters eine im Vergleich zu anderen hörgeschädigten Kindern gute bis sehr gute Sprachkompetenz. Sie können sich in normalen Sätzen verständlich äußern und auch das Sprechen ihrer Mitmenschen weitgehend verstehen. Sie benötigen jedoch ein Schulklima, in dem sie in ähnlicher Weise wie ihre guthörenden Mitschüler von Anfang an Erfolgserlebnisse haben können.

... aber auch ein Privileg

Gibt es ein solches Schulklima? Ganz gewiß nicht in jedem einzelnen Fall, aber erfreulicherweise doch weitaus häufiger, als manche Eltern und Sonderschullehrer noch immer glauben. So war ich überrascht, daß sich bei einer Befragung einer großen Zahl von Lehrern hörgeschädigter Kinder in Regelschulen herausgestellt hat, daß mehr als 72% dieser Lehrer nachdrücklich erklärten, das hörgeschädigte Kind wäre für ihre Klasse weit mehr eine Bereicherung als eine Belastung (Löwe 1985). Ähnliche Zahlen wurden jüngst auch von Müller (1994) für die deutschsprachige Schweiz mitgeteilt. Viele der in diesen beiden Erhebungen befragten Lehrer haben ihre Aussage noch näher begründet. Was gaben sie für Gründe an?

Daß Lehrer und Schüler sich darum bemühen mußten, den hörgeschädigten Mitschüler zu akzeptieren und in die Klasse zu integrieren, hatte fast immer zur Folge, daß sich eine wirkliche Klassengemeinschaft bildete, daß aus einzelnen Schülern oder Gruppen von Schülern eine Gemeinschaft wurde.

Jeder erfahrene Lehrer weiß, daß eine solche Klasse eine hohe Lernbereitschaft besitzt und darum auch viel leichter zu unterrichten ist als andere Klassen.

Wenn ein hörgeschädigtes Kind in der Klasse ist, das seine Behinderung akzeptiert hat und so zu überwinden bemüht ist, daß es in seinen Leistungen den Anforderungen an die Klasse entspricht, dann bleibt dies nicht ohne Auswirkungen auf die Mitschüler. Sie lernen dank dieser praktischen Erfahrung verstehen, wie glücklich sie sich preisen dürfen, daß sie selbst gut hören können und nicht behindert sind. Sie bekommen so aber auch ein Verständnis für die eine oder andere Schwäche, die dem einen oder anderen von ihnen, vielleicht auch dem einen oder anderen ihrer Lehrkräfte, eigen ist. Vor allem aber lernen sie, daß eine Hörschädigung für einen davon Betroffenen durchaus lästig sein kann, aber kein Mitleid wecken muß und darf.

Und für die Lehrkraft bedeutet das hörgeschädigte Kind in der Klasse eine positive Herausforderung. Sie muß ihren Unterricht gründlicher vorbereiten und an mehr Anschauungsmaterial denken, damit auch das hörgeschädigte Kind möglichst alles gut verstehen kann. Davon profitieren aber auch alle anderen Schüler.

Die Forderung, sich möglichst klar und deutlich auszudrücken, bleibt nicht ohne Auswirkung auf die Strukturierung der Gedanken. Auch hiervon profitiert die ganze Klasse. Da nämlich von der Lehrkraft eine Vorbildwirkung ausgeht, werden sich auch die Schüler bemühen, sich klarer und deutlicher auszudrücken.

Mit anderen Worten: ein hörgeschädigtes Kind in einer Regelschulklasse muß weder für seine Lehrer noch für seine Mitschüler eine Belastung sein. Im Gegenteil, es kann sich sowohl auf das Lern- und Leistungsverhalten der Klasse als auch auf ihr Sozialverhalten positiv auswirken.

8.0 Literatur

Bagus, J.: *Effizienzanalyse von Präventionsprogrammen, dargestellt am Beispiel der Vorbeugung, Früherkennung und Frühförderung hörgeschädigter Kinder.* Spardorf 1983.

Berg, F., et al.: *Educational audiology for the hard of hearing child.* Orlando, Florida 1986.

Berg, F.: *Facilitating classroom listening. A handbook for teachers of normal and hard of hearing students.* London 1987.

Bess, J., and F. McConnell: *Audiology, education and the hearing impaired child.* St. Louis, Missouri 1981.

Bess, J., B. Freeman and St. Sinclair: *Amplification in education.* Washington, D.C. 1981.

Bishop, M. (ed.): *Mainstreaming: practical ideas for educating hearing impaired students.* Washington, D.C. 1979.

Boothroyd, A.: *Hearing impairments in young children.* Englewood Cliffs, New Jersey 1982.

Brill, R.: *Mainstreaming the prelingually deaf child.* Washington, D.C. 1978.

Bund Deutscher Taubstummenlehrer (Hrsg.): *Leben in zwei Welten – zur Integration Hörgeschädigter.* Berlin 1989.

Bundesgemeinschaft der Eltern und Freunde schwerhöriger Kinder (Hrsg.): *Schwerhörige Kinder in der Regelschule.* Hamburg 1989.

Dale, D.: *Individualised integration: studies of deaf and partially hearing children and students in ordinary schools and colleges.* London 1984.

Finitzko-Hieber, T., and T. Tillman: *Room acoustic effects on monosyllabic word discrimination ability for normal and hearing impaired children.* In: J. Speech Hearing Res., 21 (1978) 440–448.

Fischer, B.: *Hilfe für hörgeschädigte Kinder.* Stuttgart 1977.

Flexer/Wray/Leavitt (eds.): *How the student with hearing loss can succeed in college: a handbook for students, families, and professionals.* Washington, D.C. 1990.

Gorman, P.: *Die Erziehung und Bildung Hörgeschädigter – kommentiert von einem Gehörlosen.* In: Hörgeschädigtenpädagogik, 28 (1974).

Gorman, P.: *Society, the hearing impaired person, and the »deaf« milieu.* Unveröffentlichts Vorlesungsmanuskript, PH Heidelberg 1973.

Harrison, D.: *Promoting the educational and personal development of deaf children in an integrated setting.* In: J. Brit. Assn. Teachers of the Deaf, 17 (1993) 29–35.

Harrison, Simpson & Stuart: *The development of written language in a population of hearing impaired children.* In: J. Brit. Assn. Teachers of the Deaf, 15 (1991) 76–85.

Hauff/Kern: *Unterricht in Klassen mit hörgeschädigten und hörenden Schülerinnen und Schülern. Hinweise für Lehrer, Schüler und Eltern.* München 1991.

Hoven, M. van den, A. Löwe und L. Speth: *Die Erziehung hörgeschädigter Kinder in Familie, Schule und Heim.* Heidelberg 1980.

Hull/Dilka (eds.): *The hearing impaired child in school.* London 1984.

Jensema, C., and R. Trybus: *Communication patterns and educational achievement of hearing impaired students.* Washington. D.C. 1979.

Keller, P.: *Brauchen wir Sonderschulen*? In: DIE ZEIT (Nr. 11, 12. März 1982)

Kluwin/Moores/Gaustad (eds.): *Toward effective public school programs for deaf students.* New York 1992.

Löwe, A.: *Lesespiele für behinderte Kleinkinder.* Berlin 1/1969, 2/1975.

Löwe, A.: *Hörgeschädigte Kinder in Regelschulen. Ergebnisse von Untersuchungen und Erhebungen in der Bundesrepublik Deutschland und in der Schweiz.* Dortmund (Geers-Stiftung) 1985.

Löwe, A.: *Hörerziehung für hörgeschädigte Kinder. Eine Handreichung für Eltern, Pädagogen und Therapeuten.* Heidelberg 1. Aufl. 1991, 2. Aufl. 1996.

Löwe, A.: *Hörgeschädigtenpädagogik international. Geschichte - Länder - Personen - Kongresse.* Heidelberg 1992.

Löwe, A.: *Eine konsequente Lautspracherziehung führt zu einer höheren Schriftsprachkompetenz als die sogenannte »bilinguale« Erziehung.* In: Mitteilungen - Die Zeitschrift für Eltern hörgeschädigter Kinder. Nr. 4/94 und 5/94.

Löwe, A.: *Unausgeschöpftes Potential - Leseprobleme hochgradig hörgeschädigter Kinder müssen bereits in der Vorschulzeit angegangen werden.* In: Sprache-Stimme-Gehör, 18 (1994) 162–167.

Löwe, A., und A. Hildmann: *Hörmessungen bei Kindern. Eine Einführung für die klinische, pädagogische und pädiatrische Praxis sowie für die Arbeit in Kinderhörzentren.* 3. Aufl. Heidelberg 1994.

Löwe, A., und R. Müller: *Für und wider die integrierte Beschulung hörgeschädigter Kinder.* In: VHN, 63 (1994) 501–513.

Lynas, W.: *Integrating the handicapped into ordinary schools: a study of hearing impaired pupils.* London 1986.

Müller, R.: *... ich höre - nicht alles! Hörgeschädigte Mädchen und Jungen in Regelschulen.* Heidelberg 1994.

Ross, M. (ed.): *Hearing impaired children in the mainstream.* Parkton, Maryland 1990.

Ross, M., D. Brackett and A. Maxon: *Hard of hearing children in regular schools.* Englewood Cliffs, New Jersey 1982.

Schloss/Smith (eds.): *Teaching social skills to hearing impaired students.* Washington, D.C. 1990.

Schmid-Giovannini, S.: *Das Tage- oder Erlebnisbuch für Kinder von 2 bis 14 Jahren.* Meggen 1986.

Schmitz-Wenzel, H.: *Die Bedeutung der Lautsprache im Zusammenleben gehörloser und schwerhöriger Schüler in Schule und Internat.* In: Breiner, H. (Hrsg.): *Lautsprache oder Gebärden für Gehörlose?* Frankenthal 1986, 163–169.

Simpson, Harrison & Stuart: *The reading abilities of a population of hearing impaired children.* In: J. Brit. Assn. Teachers of the Deaf, 16 (1992) 47–53.

Stiftung zur Förderung körperbehinderter Hochbegabter (Hrsg.): *Begabungsentfaltung gehörloser Schüler durch gemeinsames Lernen mit Nichtbehinderten.* Vaduz 1992.

Stuart, Harrison & Simpson: *The social and emotional development of a population of hearing impaired children being educated in their local mainstream schools in Leicestershire, England.* In: J. Brit. Assn. Teachers of the Deaf, 15 (1991) 121–125.

Webster, A., and J. Ellwood: *The hearing impaired child in the ordinary school.* London 1985.

Willer, A.: *Ein neuer Weg. Weiterführung von Kindergartengruppen als Klassen von Normalschulen in Wien.* In: Neue Blätter für Taubstummenbildung, 20 (1966) 43–53.

Zaugg, P.: *Ich höre die Glocke nicht. Das hörbehinderte Kind in der Normalklasse – ein Handbuch für Lehrerinnen und Lehrer.* Bern 2/1989.

9.0 Wichtige Anschriften für Eltern hörgeschädigter Kinder

Bundesgemeinschaft der Eltern und Freunde hörgeschädigter Kinder e.V.
Pirolkamp 18
D-22397 Hamburg
(Telefon: 040-607 03 44; Fax 040-607 23 61)

Cochlear Implant Zentrum
Gehägestraße 28-30
D-30655 Hannover
(Telefon: 0511-909 59-0; Fax 0511-909 59-33)

»HÖRT - HÖRT - Verein zur Förderung und Integration hörgeschädigter Kinder und Jugendlicher«
Taborstraße 24 a/2/20
A-1020 Wien

Internationales Beratungszentrum für Eltern hörgeschädigter Kinder
Zolliker Straße 41
CH-8702 Zollikon
(Telefon: 00411-391 49 14)